INTELIGÊNCIA DE DADOS

ESG

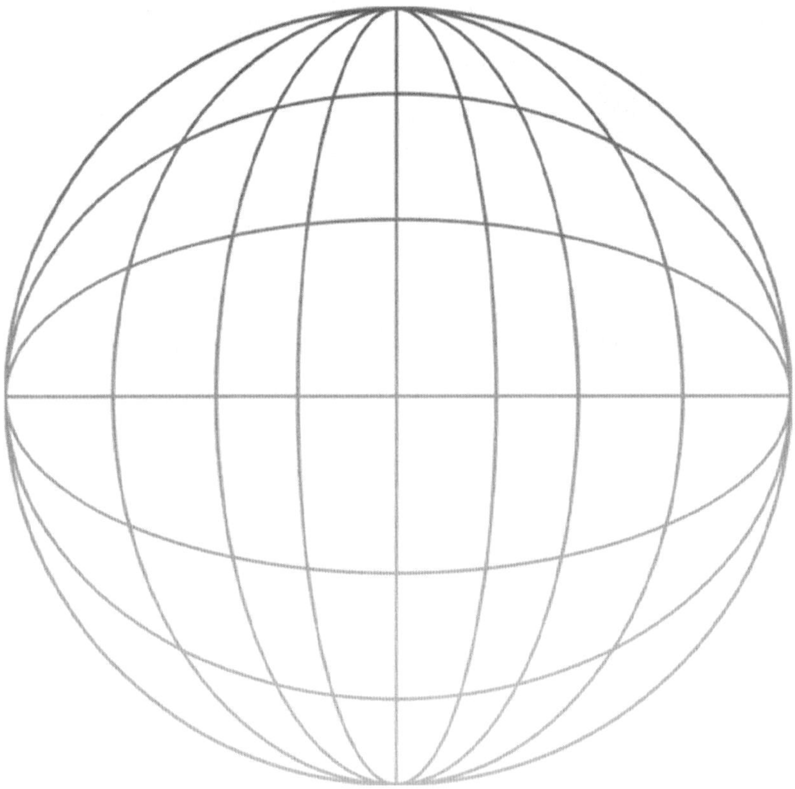

INTELIGÊNCIA DE DADOS ESG

A UTILIZAÇÃO ESTRATÉGICA DE DADOS E O USO DE TECNOLOGIAS DISRUPTIVAS

ALFREDO PASSOS
JANETE RIBEIRO

COM PREFÁCIO DE **DORA KAUFMAN**

ALTA BOOKS
EDITORA
Rio de Janeiro, 2025

Inteligência de Dados ESG

Alta Books é uma empresa do Grupo Editorial Alta Books (Starlin Alta Editora e Consultoria LTDA).

ISBN: 978-85-508-2529-8

Impresso no Brasil — 1ª Edição, 2025 — Edição revisada conforme o Acordo Ortográfico da Língua Portuguesa de 2009.

DADOS INTERNACIONAIS DE CATALOGAÇÃO NA PUBLICAÇÃO (CIP)
(BENITEZ CATALOGAÇÃO ASS. EDITORIAL, MS, BRASIL)

P319i
1.ed. Passos, Alfredo
Inteligência de dados ESG : a utilização estratégica de dados e o uso de tecnologias disruptivas / Alfredo Passos, Janete Ribeiro. – 1.ed. – Rio de Janeiro : Alta Books, 2025.
192 p.; 15,7 x 23 cm.

ISBN 978-85-508-2529-8

1. Administração financeira. 2. Governança corporativa. 3. Inteligência artificial. 4. Inovações disruptivas. 5. Sustentabilidade. 6. Tecnologia. 7. Volatilidade, Incerteza, Complexidade e Ambiguidade (V.U.C.A). I. Título.
12-2024/02 CDD 658.1

ÍNDICE PARA CATÁLOGO SISTEMÁTICO:
1. ESTRATÉGIAS DE DADOS : TECNOLOGIAS DISRUPTIVAS : ADMINISTRAÇÃO 658.1
ALINE GRAZIELE BENITEZ – BIBLIOTECÁRIA - CRB-1/3129

Grupo Editorial Alta Books

Produção Editorial: Grupo Editorial Alta Books
Diretor Editorial: Anderson Vieira
Editor da Obra: J. A. Ruggeri
Vendas Governamentais: Cristiane Mutüs
Gerência Comercial: Claudio Lima

Produtora Editorial: Ana Clara Tambasco
Revisão: Mariá Tomazoni e Carol Colffield
Diagramação: Vanessa S. Marine
Capa: Karma Brandão

ALTA BOOKS
GRUPO EDITORIAL

Rua Viúva Cláudio, 291 — Bairro Industrial do Jacaré
CEP: 20.970-031 — Rio de Janeiro (RJ)
Tels.: (21) 3278-8069 / 3278-8419
www.altabooks.com.br — altabooks@altabooks.com.br
Ouvidoria: ouvidoria@altabooks.com.br

Editora **afiliada à:**
ASSOCIADO

Sobre os autores

Alfredo Passos

Alfredo Passos é doutor em administração, foi professor da graduação e pós-graduação na ESPM e possui certificação em Diagnóstico Empresarial pela Overseas Human Resources and Industry Development Association (HIDA)/ The Association for Overseas Technical Scholarship (AOTS), Tóquio, Japão.

Foi o primeiro profissional da América Latina a ser premiado com o SCIP Catalyst Award pelo Strategic Consortium of Intelligence Professionals, de San Antonio, nos Estados Unidos, em função de sua pesquisa e divulgação sobre Inteligência Competitiva no Brasil.

É *partner* da Atelier Brasil Serviços e Soluções e atua em diversos projetos de consultoria e aplicação de treinamentos sobre Inteligência Aplicada aos Negócios — Inteligência Competitiva, para empresas de vários setores econômicos no Brasil e no exterior, como IBM e J. P. Morgan.

Como executivo, foi gestor de serviços de marketing na Brasilit (Grupo Saint-Gobain) e gestor de serviços de marketing para a América Latina na EDS – Electronic Data Systems (atual HP Company).

É coordenador do Grupo de Excelência em Inteligência Competitiva (GEIC), do Conselho Regional de Administração de São Paulo (CRA-SP).

É autor e coautor de mais de dezesseis livros, entre os quais estão: *Inteligência de mercado e competitividade; Aplicações de marketing; Inteligência competitiva em tempos de crise: Conquistar e manter clientes no Brasil e em Portugal; Empresa familiar: Ônus e bônus da família empresária; Tesarac: O livro da inteligência competitiva; Homem no fogão e mulher na gestão; Inteligência competitiva para pequenas e médias empresas; Inteligência competitiva: Como fazer IC acontecer na sua empresa.*

Sistema currículo Lattes: http://lattes.cnpq.br/1730272937177501.

Janete Ribeiro

Janete Ribeiro é mestre em administração de empresas pela FGV/SP, possui especialização em governança de dados pelo Massachusetts Institute of Technology (MIT), dos Estados Unidos, e é autora dos livros *Pesquisa de marketing* e *A atuação do profissional de Inteligência Competitiva.*

Atua como professora na pós-graduação em Big Data & Analytics e é conteudista na graduação em administração de empresas do ensino à distância no SENAC.

Como executiva, atuou na área de planejamento estratégico de marketing e desenvolvimento de produtos e serviços em grandes empresas de tecnologia da informação, como IBM e NCR. Liderou projetos de inovação tecnológica na América Latina, nos Estados Unidos, no Canadá e na Espanha. Atualmente é líder de Dados, Analytics e Inteligência Artificial para a América Latina na Amazon Web Services (AWS).

Janete é embaixadora do projeto Women In Data Science (WiDS), vinculado à Universidade de Stanford, e voluntária na ONG Mulheres do Brasil, apoiando projetos de equidade feminina na era digital.

É integrante da Associação Brasileira de Ciência de Dados (ABRACD), Associação Brasileira de Internet das Coisas (ABINC), International Association of Artificial Intelligence (I2AI), Conselho Regional de Administração de Empresas do Estado de São Paulo (C.R.A.) – Grupo Especial de Inteligência Competitiva (GEIC), Decentralized Artificial Intelligence Alliance (D.A.I.A.), Montreal Artificial Intelligence Ethics Institute (MAIE), Female Tech Leaders e Women In Blockchain, entre outras comunidades digitais.

Sistema currículo Lattes: http://lattes.cnpq.br/1382666376882497.

Para as gerações futuras! Que este livro possa contribuir para decisões que transformem nosso planeta em um lugar melhor para todos que o habitam.

— Janete Ribeiro

Para os meus antepassados: famílias Passos e Silva.

— Alfredo Passos

Agradecimentos

Agradeço aos meus pais, José Bento Ribeiro e Julia José Ribeiro, que apesar de terem apenas o ensino fundamental, sempre valorizaram a educação como o bem mais precioso que se pode deixar aos filhos.

Agradeço também ao colega Prof. Alfredo Passos, pelo convite de dividir esta obra e levar adiante nosso conhecimento.

Por fim, agradeço aos leitores que dedicam seu tempo a aprender novos conceitos. Espero que consigam extrair respostas para suas indagações e formar novas ideias, e assim construir os primeiros passos da "Era da Sabedoria"!

— Janete Ribeiro

Agradeço a Deus e a todas e todos que tornaram esta publicação possível, em especial à Janete Ribeiro, por todo o aprendizado adquirido ao longo da elaboração deste livro.

Uma vida profissional, acadêmica e espiritual só faz sentido com família, amigos, clientes e profissionais representando empresas que acreditaram em nós, nos contrataram, compartilharam conhecimento e nos mostraram o que é a vida.

"Quando entregamos os nossos problemas a Deus, Ele nos enche com a Sua paz."

— Alfredo Passos

Sumário

Prefácio 1

Introdução 6

Parte I – Do *Homo sapiens* ao *Homo data* 9

Parte II – Inteligência humana e artificial 25

Parte III – Os modelos analíticos que podem fazer a diferença para sua empresa 63

Parte IV – O impacto social dos dados 95

Parte V – ESG data intelligence 113

Parte VI – O que mais está por vir... 147

Parte VII – Plano de ação para aplicar inteligência ao seu negócio 161

Epílogo/conclusão 169

Bibliografia 172

Índice 177

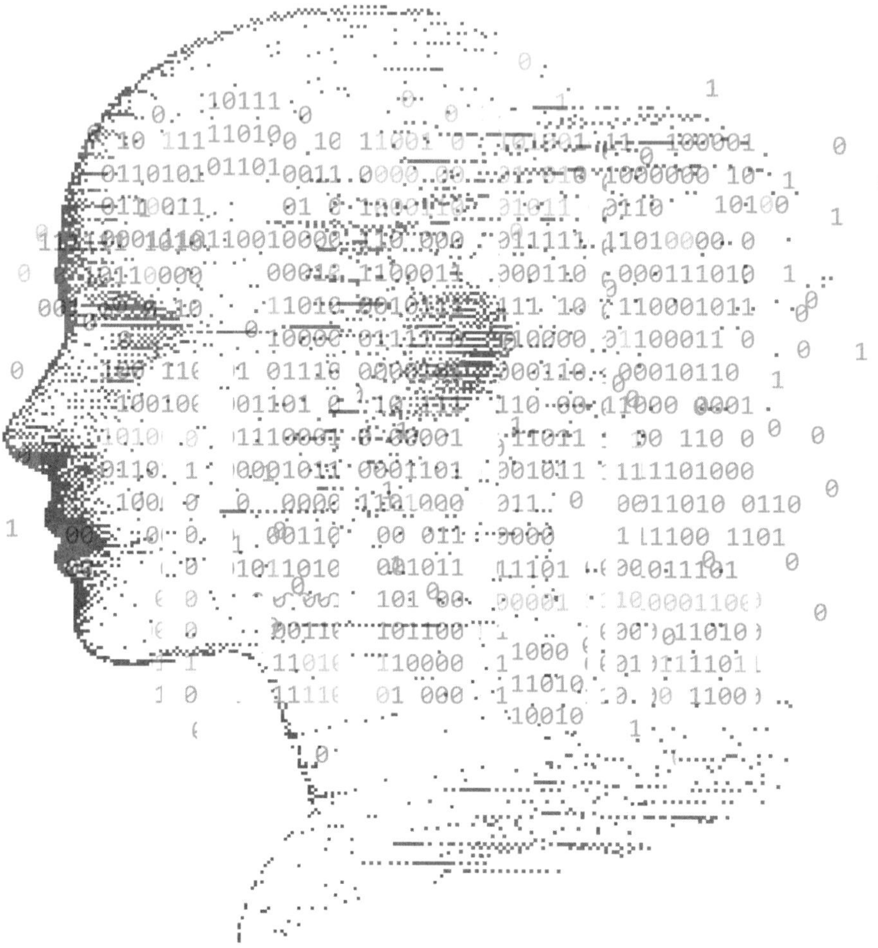

Prefácio

Por Dora Kaufman[1]

O modelo econômico macro que tende a predominar no século XXI é o da Economia de Dados, ou Capitalismo de Dados, em que a matéria-prima estratégica são os dados, gerando modelos de negócios orientados por dados (*data driven business models*) que transformam a operação, a inovação e a própria organização.

A inteligência artificial (IA), pela capacidade de lidar com Big Data, está no *core* desses modelos de negócio, tanto das organizações emergentes quanto dos processos de transformação digital. A IA está mudando a forma como as organizações capturam e entregam valor.

A inteligência artificial difere das demais tecnologias digitais pela sua natureza de tecnologia de propósito geral (GPT, *general purpose technologies*).

---

[1] Dora Kaufman é referência em pesquisa sobre os impactos sociais da inteligência artificial. Atua no Instituto de Estudos Avançados (IEA) e no Centro de Pesquisa em Rede Digitais ATOPOS da Escola de Comunicação e Artes (ECA), ambos da Universidade de São Paulo (USP). Também é pós-doutoranda em filosofia no programa de pós-graduação de Tecnologias da Inteligência e Design Digital (TIDD), na PUC/SP. Por 35 anos, foi executiva sênior em bancos de investimentos e sócia-gestora de agências de marketing e comunicação. Também foi pesquisadora no Computer Science Department, na New York University, nos Estados Unidos, e pesquisadora visitante no Alexander Von Humboldt Institute for Internet and Society, na Alemanha. Como autora, publicou os livros: *Empresas e consumidores em rede: Um estudo das práticas colaborativas no Brasil; O despertar de Gulliver: Os desafios das empresas nas redes digitais; A inteligência artificial irá suplantar a inteligência humana?*.

As GPTs são tecnologias que moldam toda uma era e reorientam as inovações nos setores de aplicação — como a máquina a vapor, que inaugurou a revolução industrial no século XVIII, a eletricidade, que impulsionou a Segunda Revolução Industrial, e o computador.

Ao reconfigurar a lógica e o funcionamento da economia e aportar inéditos modelos de negócios, as GPTs provocam períodos de reorganização no que o economista Joseph Schumpeter denominou de "destruição criativa".

Dois exemplos ilustram a mudança de lógica causada pela IA: a) migramos de um mundo de máquinas programadas para um mundo de máquinas probabilísticas, implicando lógicas e riscos distintos; e b) temos uma inédita relação entre sociabilidade e eficiência. Em contraste com a economia industrial, em que a matéria-prima estratégica era o petróleo extraído da natureza, a matéria-prima estratégica da economia de dados é gerada, em grande parte, pelas nossas interações (pela nossa comunicação e sociabilidade, outra parte pela "movimentação" dos objetos captada por sensores), ou seja, mais interação gera mais dados, e melhora a eficiência das previsões com efeito positivo sobre a acurácia das decisões, em um processo de retroalimentação contínuo.

O presente e o futuro da inovação passam por gerar valor alavancando vastas quantidades de dados com técnicas de modelagem de IA, identificando insights ocultos e impulsionando o desenvolvimento de produtos e serviços e a experiência do usuário.

O desafio para as organizações é traduzir seus problemas de negócios em dados solucionáveis e problemas de modelagem, além de garantir que o investimento esteja alinhado com as metas de negócios. São múltiplos os potenciais benefícios, entre eles, o aumento da eficiência operacional, a redução de custos, a flexibilização das linhas de produção, o encurtamento dos prazos de lançamento de produtos e serviços, a criação de produtos e serviços digitais inéditos, e os novos modelos de negócio. Na experiência do cliente, por exemplo, a IA promove maior agilidade no atendimento e oferece experiências mais personalizadas; na otimização dos processos internos, ela aumenta a eficiência operacional, entre outros efeitos, ao reduzir incidentes, aprimorar a qualidade das informações, reduzir os custos de transações e viabilizar implementações mais rápidas e em maior quantidade.

Uma organização orientada a dados, ou com cultura de dados (*data driven*), é uma organização que usa continuamente técnicas de dados e "inteligência de máquina" para tomar decisões ao longo da cadeia de produção e comercialização. Extrair informações úteis de grandes bases de dados é pré-condição para produzir inteligência de negócios; sem a IA, as organizações não têm como capitalizar e monetizar esses vastos conjuntos de dados.

No ambiente de negócios atual, a inteligência artificial é estratégica porque a escala, o escopo, a complexidade e o dinamismo do mercado são tão extremos que os humanos não conseguem mais gerenciá-los sem os modelos de IA (os modelos estatísticos preditivos tradicionais não dão conta desse cenário).

Implementar sistemas de IA, contudo, não é trivial. Trata-se de uma tecnologia complexa, transversal (aplicada a todos os setores), multidisciplinar, tecnologicamente limitada e permeada pela subjetividade humana: os humanos intervêm ao longo de todo o processo de desenvolvimento e implementação dos sistemas de IA.

Os modelos de IA podem, igualmente, gerar vieses discriminatórios, ameaçar a privacidade dos dados e produzir resultados opacos (sem transparência de como o sistema chegou aos resultados), além de se constituírem em novas fontes e canais para riscos sistêmicos e ataques cibernéticos.

Estamos vivendo "*between times*", movendo-nos de um período de implementações de soluções de IA pontuais — para automatizar e melhorar os processos existentes — para um de implementações que redesenhem o produto e/ou serviço, a organização e o modelo de negócios, maximizando os benefícios da IA e justificando o custo relativamente alto de sua adoção.

As organizações que operam em larga escala têm a vantagem competitiva de gerar em suas plataformas grandes volumes de dados, e dados de qualidade, favorecendo a concentração de mercado.

Adicionalmente, como os modelos atuais de IA são intensivos em dados, requerem sistemas de armazenamento e processamento robustos, além de maior proteção contra ataques hackers, o que também favorece as gigantes da tecnologia, que não produzem um produto ou serviço, mas ecossistemas.

Em *How Big-Tech Barons Smash Innovation — and How to Strike Back*, livro de 2022, Ariel Ezrachi e Maurice Stucke ponderam que as Big Techs não apenas controlam a competição em seus ecossistemas, mas determinam a natureza das inovações, permitindo apenas aquelas que não ameacem seus modelos de negócio (baseados em dados e IA).

Diferente dos monopólios anteriores, as Big Techs, ao controlar a infraestrutura da internet, são capazes de identificar padrões de mercado, além de discernir e antecipar tendências e ameaças emergentes.

As leis antitruste vigentes não dão conta da complexidade operacional dessas gigantes de tecnologia, basicamente porque o foco está: a) no que é quantificável (preço e produção), em vez dos elementos competitivos atuais (inovação, qualidade e privacidade); e b) em mercados estritamente definidos, e não em ecossistemas.

Alguns números ilustrativos desse domínio: o *market-share* global do buscador do Google entre 2009 e 2021 manteve-se acima de 89%; o navegador Google Chrome tem cerca de 66% de participação de mercado; AWS/Amazon, Microsoft Azure e Google Cloud controlam mais de 65% do processamento de dados "em nuvem"; os sistemas operacionais de telefonia móvel são 70% Android/Google e 30% iOS/Apple; e aproximadamente 3,51 bilhões de pessoas usam mensalmente pelo menos um dos produtos da Meta — Facebook, WhatsApp, Instagram e Messenger —, ou seja, cerca de 44,5% da população mundial.

O valor de mercado das Big Techs norte-americanas, de aproximadamente US$7,5 trilhões,[2] supera o PIB da maior parte dos países.

A Apple vale US$2,8 trilhões; a Microsoft, US$2,5 trilhões; a Alphabet/Google, US$1,58 trilhões; a Amazon, US$1,25 trilhões; e a Meta/Facebook, US$730 bilhões.[3] A fabricante de chips Nvidia recentemente atingiu a marca de US$1 trilhão pela primeira vez.

Comparativamente ao PIB dos países, segundo projeção do FMI para 2023, apenas 18 deles possuem PIB acima de US$1 trilhão; 11 países, acima de US$2 trilhões — Alemanha (US$4,43 trilhões), Japão (US$4,23 trilhões), Índia (US$3,73 trilhões), Reino Unido (US$3,33 trilhões), França (US$3,05 trilhões), Itália (US$2,19 trilhões), Brasil (US$2,13 trilhões) e Canadá (US$2,12 trilhões) —; e apenas Estados Unidos (US$26,95 trilhões) e China (US$17,7 trilhões) acima de US$10 trilhões.

Em artigo no *New York Times* de junho de 2023,[4] Daron Acemoglu e Simon Johnson, economistas do Massachusetts Institute of Technology (MIT) e autores do livro *Power and Progress: Our 1,000-Year Struggle Over Technology and Prosperity*, alertam sobre o poder das Big Techs, particularmente do Google e da Microsoft, atualmente líderes na competição pela inovação no campo da inteligência artificial:

---

2 Nos cinco primeiros meses de 2023, as Big Techs tiveram, coletivamente, valorização de US$2,9 trilhões, contribuindo com 96% dos ganhos do S&P500 (abreviação de Standard & Poor's 500, índice composto pelas 500 maiores empresas cotadas em bolsas de valores), ou seja, as demais 495 empresas contribuíram com apenas 4% nos ganhos do índice.

3 Fonte: *Fortune*.

4 ACEMOGLU, D.; JOHNSON, S. "Big Tech Is Bad. Big A.I. Will Be Worse." *The New York Times*, 9 jun. 2023. Disponível em: https://www.nytimes.com/2023/06/09/opinion/ai-big-tech-microsoft-google-duopoly.html. Acesso em: 15 abr. 2024.

O fato de que essas empresas estejam tentando superar umas às outras, na ausência de salvaguardas impostas externamente, deve dar ao resto de nós ainda mais motivos de preocupação, dado o potencial de a IA causar grandes danos a empregos, privacidade e segurança cibernética.

Os autores argumentam que, em vez de inteligência de máquina, precisamos de "utilidade de máquina", enfatizando a capacidade de a IA aumentar as habilidades humanas. Clamam por regulamentação, e por um sistema escalonado de impostos com alíquotas mais altas para as empresas com maiores lucros.

Para Marco Iansiti e Karim Lakhani,[5] a IA está transformando a própria natureza das empresas, como elas operam e como competem. Ao produzir previsões cada vez mais precisas, complexas e sofisticadas, a IA está reformulando não apenas as bases operacionais das empresas, mas o mundo à sua volta. "Entramos em uma nova era que está redefinindo como cada organização (e praticamente qualquer trabalhador) na economia precisa agir para criar, capturar e entregar valor. Gostemos ou não, as redes digitais e a IA estão transformando os negócios e a sociedade", ponderam os autores.

Para se manterem relevantes, as organizações não têm escolha: deverão adotar a inteligência artificial ou enfrentarão a perda de competitividade.

O livro de Janete Ribeiro e Alfredo Passos traz contribuições preciosas para guiar as organizações nessa trajetória desafiadora, permeada de incertezas.

Com base em experiências e conhecimentos sólidos, os autores "pegam pela mão" empreendedores e executivos e os conduzem através dos mistérios da ciência de dados e da inteligência artificial.

Boa leitura!

---

[5] IANSITI, M.; LAKHANI, K. *Competing in the Age of AI: Strategy and Leadership When Algorithms and Networks Run the World*. Boston: Harvard Business Review Press, 2020.

Introdução

Os aspectos ambiental, social e de governança têm cada vez mais impacto no sucesso de um negócio, influenciando sua capacidade de acessar capital, definir riscos reputacionais, atrair talentos e ganhar competitividade.

Por ser um assunto imprescindível, executivos e conselheiros demandarão dados ESG de suas companhias para tomar decisões estratégicas.

Tais informações precisam ter qualidade e, para isso, exigirão uma arquitetura inteligente para coleta de dados, gestão qualificada e sistemas auditáveis.

Por sua vez, as inovações em inteligência artificial continuam a proporcionar grandes benefícios para os negócios, e as taxas de adoção se acelerarão nos próximos anos, segundo a empresa Gartner de pesquisa e consultoria.[1]

O Gartner Hype Cycle™ para inteligência artificial (IA) de 2022 identificou inovações essenciais nas técnicas e tecnologias de IA, que vão além da IA já utilizada diariamente para adicionar inteligência a aplicativos de negócios, dispositivos e ferramentas de produtividade previamente estáticos. Deve-se observar com atenção especial as inovações que serão adotadas, de modo geral, em dois a cinco anos, incluindo a IA composta, inteligência de decisão e IA na borda. A adoção precoce dessas inovações pode promover uma vantagem competitiva e valor comercial significativos e reduzir os problemas associados à fragilidade dos modelos de IA.

---

[1] WILES, J. "Quais são as novidades em inteligência artificial do Gartner Hype Cycle de 2022". *Gartner*, 15 set. 2022. Disponível em: www.gartner.com.br/pt-br/artigos/novidades-em-inteligencia-artificial-do-gartner-hype-cycle-de-2022\. Acesso em: 19 nov. 2023.

As inovações em IA pertencem a quatro categorias

Espera-se que a ampla variedade de inovações em IA impacte pessoas e processos dentro e fora do contexto empresarial. Por isso, compreendê-las é importante para muitas partes interessadas, desde líderes de negócios até equipes de engenharia empresarial com a tarefa de implementar e operacionalizar os sistemas de IA.

No entanto, os líderes de dados e análise (D&A) são os que mais têm a ganhar, usando a perspectiva do Hype Cycle para elaborar estratégias de IA para o futuro e escolher as tecnologias que oferecem alto impacto no presente.

As inovações em IA no Hype Cycle refletem prioridades complementares — e às vezes conflitantes — em quatro categorias principais:

> IA centrada em dados;

> IA centrada em modelos;

> IA centrada em aplicativos;

> IA centrada no ser humano.

IA centrada em aplicativos: a inteligência de decisão

Entre as inovações incluem-se engenharia de IA, inteligência de decisão, sistemas de IA operacionais, operações de modelo, serviços na nuvem de IA, robôs inteligentes, processamento de linguagem natural (PLN), veículos autônomos, aplicativos inteligentes e visão computacional.

Espera-se que a inteligência de decisão e a IA na borda (conceito de capturar e processar dados o mais próximo possível de sua fonte ou usuário final) alcancem a adoção total entre dois e cinco anos e tenham benefícios comerciais transformadores.

A **inteligência de decisão** é uma disciplina prática usada para melhorar a tomada de decisões, por compreender e planejar de forma explícita como as decisões são tomadas e como os resultados são avaliados, gerenciados e aprimorados através do feedback.

A inteligência de decisão ajuda a:

- **reduzir a dívida técnica, aumentar a visibilidade e melhorar o impacto dos processos de negócios** ao aprimorar materialmente a sustentabilidade dos modelos de decisão das organizações, com base no poder de sua relevância e na qualidade da sua transparência, tornando as decisões mais transparentes e auditáveis.

- **reduzir a imprevisibilidade dos resultados das decisões** com o registro e a compreensão dos fatores de incerteza no contexto dos negócios, tornando os modelos de decisão mais resilientes.

Por isso, apresentamos reflexões para que você possa observar com atenção especial as inovações que serão adotadas de forma ampla nos próximos dois a cinco anos, incluindo a IA composta e a inteligência de decisão.

Parte I

Do *Homo sapiens* ao *Homo data*

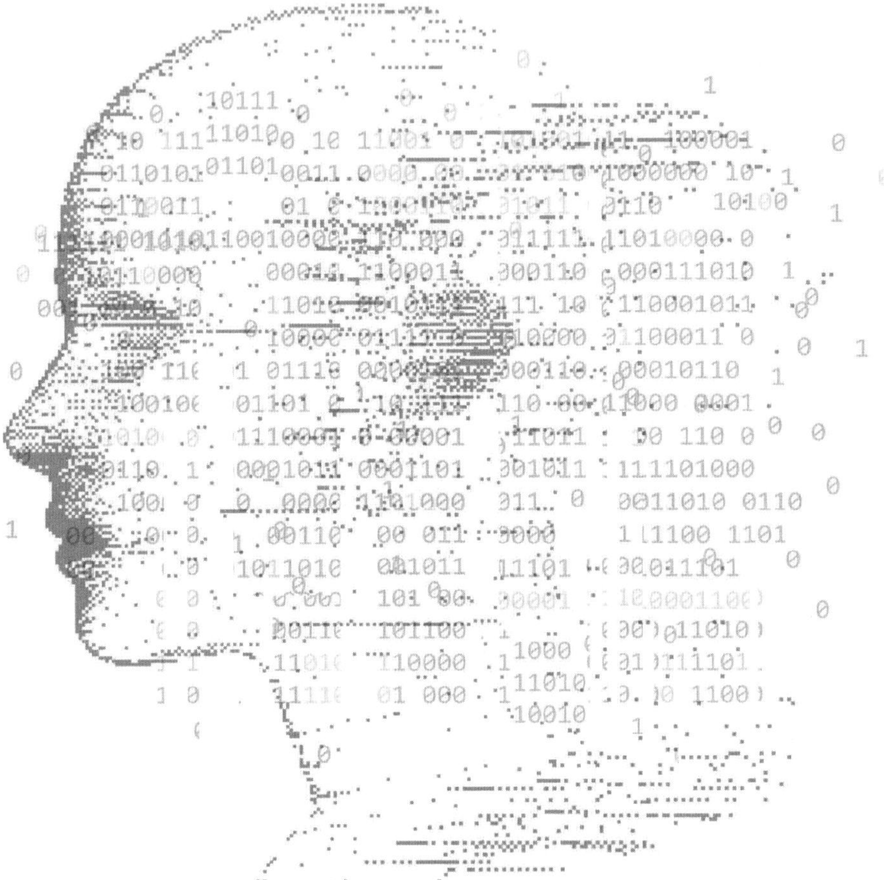

A capacidade de transmitir informações

Em *Sapiens: Uma breve história da humanidade*,[1] Yuval Noah Harari desafia tudo o que pensávamos que sabíamos sobre o que significa ser humano — nossas crenças, nossas ações, nosso poder e até mesmo nosso futuro —, e descreve as três importantes revoluções que definiram o curso da história.

A Revolução Cognitiva deu início à história há cerca de 70 mil anos. A Revolução Agrícola a acelerou, por volta de 12 mil anos atrás, e a Revolução Científica, que começou há apenas 500 anos, pode muito bem colocar um fim à história e dar início a algo completamente diferente. Essas três revoluções afetaram os seres humanos e os demais organismos da Terra.

O destaque é a Revolução Cognitiva. Entre as suas marcas está a capacidade de transmitir maiores quantidades de informação sobre o mundo em volta dos *Homo sapiens*, cujos benefícios são o planejamento e a realização de ações complexas, como evitar leões e caçar bisões. Depois é ampliada a capacidade de transmitir grandes quantidades de informação sobre as relações sociais dos *sapiens* para grupos maiores e mais coesos, chegando a 150 indivíduos.

Nesse processo crescente, chega-se à habilidade de transmitir grandes quantidades de informação sobre coisas que não existem de fato, como espíritos tribais, nações, companhias de responsabilidade limitada e direitos humanos, tendo como benefícios a cooperação entre números muito grandes de estranhos e a rápida inovação do comportamento social.

Assim, passados setenta mil anos, uma característica de nossos primórdios avança no século XXI: transmitir informações — e, no caso das empresas, com a necessária fundamentação.

A era de Dados/Data pode beneficiar muitas empresas que queiram colocar seus clientes no centro das decisões empresariais. Para isso, é necessário analisar as informações e os dados, bem como gerar uma cultura empresarial que incentive colaboradores, parceiros e fornecedores a terem um olhar sobre o ambiente externo, ou seja, para o "mercado".

---

1 HARARI, Y. N. *Sapiens: Uma breve história da humanidade*. RS: L&PM, 2019.

Transmitir informações remonta a milhares de anos atrás

E hoje, qual é a base para a tomada de decisão empresarial? Sim, é a análise de informações, notadamente por um analista de inteligência competitiva, de inteligência de mercado, inteligência de negócios etc., com recomendações para que profissionais, sejam eles supervisores, coordenadores, gerentes, diretores, presidentes ou empreendedores, possam "enxergar" as oportunidades e prevenir-se das "ameaças" do ambiente externo.

Em síntese, pode-se afirmar: **a análise humana, a correlação entre dados e informações, se faz cada vez mais necessária para entender o contexto, o momento em que a sociedade vive, para não causar interpretações equivocadas.**

A nova ou a velha agenda humana?

Os mesmos três problemas que preocupavam as pessoas na China no século XX, na Índia medieval e no Antigo Egito perduram: **fome, pestes e guerra** sempre estiveram entre as principais dificuldades enfrentadas pelos seres humanos.[2]

A começar pela fome, no Brasil, estudos diversos apontam que cerca de 10% da população se encontra em situação de insegurança alimentar grave. No mundo todo, em pleno século XXI, são 735 milhões de pessoas passando fome e 2,3 bilhões em situação de insegurança alimentar, segundo a Organização das Nações Unidas (ONU).[3]

Em segundo lugar, o maior inimigo da humanidade é representado pelas pestes e doenças infecciosas. As pessoas na antiga Atenas ou na Florença medieval viviam suas vidas conscientes de que poderiam adoecer e morrer em dias, ou que, de repente, uma epidemia poderia destruir toda a família de uma vez só.

---

2 HARARI, Y. N. *Homo Deus: Uma breve história do amanhã*. São Paulo: Companhia das Letras, 2016.

3 BRASIL tem mais de 21 milhões de pessoas que não têm o que comer todos os dias e 70,3 milhões em insegurança alimentar, diz ONU. *G1*, 12 jul. 2023. Disponível em: https://g1.globo.com/economia/noticia/2023/07/12/brasil-tem-101-milhoes-de-brasileiros-passando-fome-e-703-milhoes-em-inseguranca-alimentar-aponta-onu.ghtml. Acesso em: 16 abr. 2024.

Após pouco mais de três anos, trilhões de dólares em perdas e milhões de mortos, a emergência internacional causada pela Covid-19 chegou ao fim, segundo a Organização Mundial da Saúde. No Brasil, O Ministério da Saúde[4] informou que tivemos mais de 700 mil mortes causadas pela doença.

E o que parecia pouco provável de acontecer neste século, aconteceu. Pela primeira vez na história podemos acompanhar uma guerra em tempo real. Autoridades americanas afirmam[5] que o total de soldados ucranianos e russos mortos ou feridos desde o início da guerra, em 2022, se aproxima das 500 mil pessoas.

Embora a agenda humana atual tenha muita semelhança com a antiga, é a tecnologia que faz a diferença na sociedade de hoje, e que nos faz chegar aos tempos do *Homo data*.

Do *Homo sapiens* ao *Homo data*

Nós, *Homo sapiens*, somos membros de uma família grande e particularmente ruidosa, a dos grandes primatas. Nossos parentes vivos mais próximos incluem os chimpanzés, os gorilas e os orangotangos. Os chimpanzés são os mais próximos. Há apenas 6 milhões de anos, uma mesma fêmea primata teve duas filhas: uma delas se tornou a ancestral de todos os chimpanzés e a outra é nossa avó, segundo Yuval Noah Harari.[6]

E apesar de termos testemunhado uma série de revoluções significativas nos últimos 500 anos, período durante o qual a economia cresceu exponencialmente até chegarmos à atualidade, com uma ordem social transformada na política, vida cotidiana, nas empresas etc., muitos erros continuam sendo cometidos.

---

[4] BRASIL chega à marca de 700 mil mortes por Covid-19. *Ministério da Saúde*, 28 mar. 2023. Disponível em: www.gov.br/saude/pt-br/assuntos/noticias/2023/marco/brasil-chega-a-marca-de-700-mil-mortes-por-covid-19. Acesso em: 16 abr. 2024.

[5] NÚMERO de soldados mortos e feridos na guerra na Ucrânia é de 500 mil, estimam autoridades dos EUA. *Folha de Pernambuco*, 18 ago. 2023. Disponível em: www.folhape.com.br/noticias/numero-de-soldados-mortos-e-feridos-na-guerra-na-ucrania-e-de-500-mil/286987/. Acesso em: 16 abr. 2024.

[6] HARARI, Y. N. *op. cit.*, p. 8.

Um pioneiro no mundo *"data"*

Um dos autores mais importantes e consagrados quando se fala em *data analytics*, seus impactos na competitividade e nas empresas, e em decisões baseadas em dados é Thomas Davenport, professor de Tecnologia da Informação e Gestão na Babson College, professor visitante na Saïd Business School de Oxford e membro da MIT Initiative on the Digital Economy.

Os trechos a seguir foram retirados de uma entrevista de Davenport concedida à produção "Um mundo *data-driven*", da *MIT Sloan Review Brasil* e SAS, e também de uma entrevista com Pedro Nascimento, conselheiro da mesma publicação.[7]

> ***MIT Sloan Review Brasil***: Você lançou o livro *Competing on Analytics* (2007), período em que surgiu o iPhone e quando a computação em nuvem estava começando a ser discutida. Gostaria de saber como é se tornar pioneiro no mundo dos dados e como chegou à visão que tem hoje sobre dados e *analytics*.
>
> **Thomas Davenport**: Sempre me interessei por informações e por saber como empresas e indivíduos as usam de maneira eficaz. Em certo momento percebi que existia todo o conhecimento derivado de dados, mas apenas no sentido técnico. Sou sociólogo por formação e ninguém estava olhando para o panorama geral do que isso significa para a vantagem competitiva. Eu tinha um centro de pesquisa com grandes empresas envolvidas e tentei fazer com que seus executivos e meus colegas pesquisadores se interessassem pelo conhecimento baseado em dados, o que até então não acontecia.

Em outro trecho dessa entrevista, a partir da pergunta sobre a nova atualização de seu livro *Competição analítica: Vencendo através da nova ciência*,[8] Davenport afirma:

---

[7] NASCIMENTO, P. "A importância dos dados para ter vantagem competitiva". *MIT Sloan Review Brasil*, 2022. Disponível em: https://mitsloanreview.com.br/post/a-importancia-dos-dados-para-ter-vantagem-competitiva. Acesso em: 8 set. 2023.

[8] DAVENPORT, T. H.; HARRIS, J. G. *Competição analítica: Vencendo através da nova ciência*. Rio de Janeiro: Alta Books, 2018.

> Acho que aumentou o interesse das corporações por dados. Tive acesso a uma pesquisa da NewVantage Partners que mostra que 45% das empresas dizem que competem usando *analytics*, o que significa que consideram isso um recurso-chave para seus negócios. Quando comecei, talvez 1% das companhias diriam que análise de dados é um fator competitivo. Mas ainda há um longo caminho. Esse mesmo levantamento aponta que apenas 29% das [pessoas] entrevistadas têm uma cultura orientada por dados.

Também é importante destacar as considerações de Davenport sobre o papel do profissional do conhecimento nesta nova ciência de *analytics:*

Sempre precisamos de mais pessoas que trabalham com o pensamento e que utilizem essa capacidade ao máximo. No futuro próximo, a grande maioria dos trabalhos será realizada por alguma combinação de humanos e máquinas. Em alguns casos as pessoas farão 80% do trabalho e as máquinas, 20%. É possível visualizar, por exemplo, uma cirurgia robótica em que o robô não toma nenhuma decisão importante, apenas dá superpoderes ao cirurgião. Melhor visão, melhor capacidade de corte e assim por diante. Ou haverá casos em que a máquina fará 80% do trabalho e o humano apenas verificará e se certificará de que é razoável; isso já vem acontecendo em áreas como autorização de crédito em bancos, por exemplo.

Dados são conhecimento, mas só isso não basta

Charliton Albert, político suíço que recebeu o Prêmio Nobel da Paz no início do século passado, dizia que *"conhecimento é saber que um tomate é uma fruta. Sabedoria é saber que não se deve usar um tomate em uma salada de frutas"*.[9]

Esse pensamento simboliza a crescente necessidade de análise humana — a inteligência de decisão, ou seja, a interpretação, a correlação dos dados e informações para produzir ações que possam ser recomendadas a um gestor na tomada de decisões empresariais.

A tecnologia avança a cada dia e permite aumentar a capacidade de coletar, armazenar e até mesmo analisar dados, e assim permitir a realização de campanhas de comunicação, vendas etc. Utilizar *machine learning* e inteligência

---

[9] OLIVEIRA, M. "Os dados não são mais o novo petróleo". *Exame*, 2022. Disponível em: https://exame.com/colunistas/relacionamento-antes-do-marketing/os-dados-nao-sao-mais-o-novo--petroleo/. Acesso em: 20 jun. 2023.

artificial acelera o processo e nos permite mostrar lindas imagens e *dashboards*, mas o que isso significa?

Quais são as oportunidades? Quais são as ameaças para a decisão que precisa ser tomada? Os clientes estão sendo ouvidos? Nossas equipes conversam com os clientes e consumidores? Conhecem as mudanças no consumo e no consumidor? Conhecem a nossa participação no setor? E a dos competidores? Sabem o tamanho do nosso mercado?

E essa é a correlação lembrada pelo autor. Dados, informações, são os tomates. **Mas inteligência e decisão são possíveis apenas com análises e recomendações que fazem a empresa se mover e crescer com sustentabilidade.**

Importante \\ Lei de Moore

Em 1965, o cofundador da Intel, Gordon Moore, previu que o número de transistores em um chip dobraria aproximadamente a cada dois anos, com um aumento mínimo no custo. Essa previsão ficou conhecida como Lei de Moore.[10] Ou seja, quanto mais transistores ou componentes em um dispositivo, o custo por unidade é reduzido, enquanto o desempenho por unidade aumenta.

A pandemia de Covid-19 desencadeou uma alta taxa de digitalização, possibilitada pela indústria de semicondutores e suas inovações.

[10] KELLEHER, A. "Lei de Moore – agora e no futuro". *Intel* [s.d.]. Disponível em: www.intel.com.br/content/www/br/pt/newsroom/opinion/moore-law-now-and-in-the-future.html. Acesso em: 16 abr. 2024.

A inteligência de decisão

Não se vende sentado em um escritório. O tempo que rende é o que se gasta com o cliente.

– Thomas John Watson, primeiro gerente-geral da IBM nos Estados Unidos

Em um estudo sobre a história da tomada de decisão, os editores da *Harvard Business Review*, Leigh Buchanan e Andrew O'Connell, comentam que, em meados do século passado, um executivo norte-americano do setor de telefonia, Chester Barnard, inseriu a expressão "tomada de decisão", típica do vocabulário da gestão pública, no mundo dos negócios. Ela passou a substituir descrições mais limitadas, como "alocação de recursos" e "definição de políticas". Com isso, o administrador deixou de se ver como o responsável por uma deliberação contínua, hamletiana, e passou a buscar decisões rápidas, de pronta execução.

Mas a tomada de decisão é, naturalmente, parte de um fluxo de pensamento iniciado nos tempos em que o homem, diante da incerteza, buscava orientação nos astros.

Desde então, a busca por novas ferramentas decisórias nunca cessou — do sistema numérico indo-arábico ao empirismo sistemático de Aristóteles, dos avanços na lógica do frade Guilherme de Occam (frade franciscano e filósofo escolástico) ao raciocínio indutivo de Francis Bacon e à aplicação do método científico por René Descartes.

A crescente sofisticação da gestão de risco, a compreensão das variações do comportamento humano e o avanço tecnológico que respalda e simula processos cognitivos, em muitas situações, melhoraram a tomada de decisão.

Apesar disso, a história da estratégia decisória — sintetizada nessa cronologia e examinada em quatro ensaios sobre risco, dinâmica de grupo, tecnologia e instinto — não é a de puro progresso rumo a um perfeito racionalismo. Estudiosos do século XX mostraram que o custo de reunir informações leva o executivo a tomar decisões "boas o bastante".

E pior: tomamos decisões contrárias a nossos interesses econômicos, mesmo cientes disso. Já na ausência de emoções, é simplesmente impossível decidir. Por que a surpresa, então, quando um guru como Malcolm Gladwell prega — apesar do crescente acesso à informação trazido pela tecnologia — as virtudes da decisão instintiva tomada, literalmente, num piscar de olhos?

Em 2001, Ram Charan, autor, professor e assessor de altos executivos de empresas como GE, Ford, DuPont e EDS, escreveu um artigo para a *Harvard Business Review* com a seguinte abertura:

[...] a função do presidente, todos sabem, é tomar decisões. E é isso o que a maioria faz, inúmeras vezes, ao longo da carreira. Contudo, para que essas decisões tenham impacto, a organização, em seu todo, também deve decidir, executá-las. Quando isso não ocorre, a empresa é vítima da cultura da indecisão.[11]

Sabemos que não é só o presidente que toma decisões em uma empresa. Nesse contexto, é importante pensar em "diálogos decisivos", denominação de Charan, para o processo de quatro elementos que levam da decisão à ação, ou uma "guerra contra a indecisão".

> **Primeiro: devem envolver a busca sincera de respostas;**
> **Segundo: devem tolerar verdades desagradáveis;**
> **Terceiro: devem acolher uma ampla faixa de opiniões, dadas de livre e espontânea vontade; e**
> **Quarto: devem indicar um curso de ação.**

A decisão passa pela análise de dados e informações. A transformação destes é o trabalho de inteligência. Ou seja, na atualidade complexa dos negócios, a análise de mercados, consumidores e competidores, entre outros fatores, faz a diferença entre as empresas líderes e as empresas seguidoras.

Por isso, apresentar fatos sobre como se vai ganhar um mercado, que clientes conquistar, quais são as novas exigências e necessidades dos clientes e consumidores e qual o número correto para a força de vendas são situações empresariais que exigem, cada vez mais, um menor tempo de resposta. Porém, quanto menos informação e análise, maior o risco para a tomada de decisão, na qual o profissional, o analista, faz a diferença, e a inteligência de decisão emerge.

---

[11] CHARAN, R. Conquering a Culture of Indecision. *Harvard Business Review*, abr. 2001. Disponível em: https://hbr.org/2001/04/conquering-a-culture-of-indecision-2. Acesso em: 20 set. 2023.

O drama da tomada de decisão

Em *21 lições para o século 21*, Yuval Noah Harari afirma:

> O que já está começando a acontecer na medicina provavelmente ocorrerá em outros campos. A invenção decisiva é a do sensor biométrico, que as pessoas podem usar nos seus corpos ou dentro deles, e que converte processos biológicos em informação eletrônica que computadores podem armazenar e analisar. Se tiverem dados biométricos e capacidade computacional suficientes, sistemas de processamento de dados externos poderão intervir em todos os seus desejos, todas as suas decisões e opiniões. Poderão saber exatamente quem você é.[12]

Quem é o proprietário dos dados?

Atualmente já é tão comum navegar na internet que, ao assistir vídeos ou ler mensagens nas redes sociais, nem nos lembramos mais que os algoritmos estão nos monitorando. Mas, ao pesquisar determinado assunto, logo começamos a receber "sugestões" sobre aquela busca, e então comprovamos os efeitos do "algoritmo", que entra cada vez mais em nossas vidas.

Uma tentativa para que possamos ser realmente "donos" de nossos dados é a Lei Geral de Proteção de Dados Pessoais (LGPD) — nº 13.709/2018[13] — promulgada no Brasil para proteger os direitos fundamentais de liberdade e de privacidade e a livre formação da personalidade de cada indivíduo.

A lei fala sobre o tratamento de dados pessoais, dispostos em meio físico ou digital, feito por pessoa física ou jurídica de direito público ou privado, englobando um amplo conjunto de operações que podem ocorrer em meios manuais ou digitais.

E estabelecer limites se faz necessário.

Como bem nos assegura Harari, o acelerado avanço tecnológico desafia sociedades, governos, legislação, empresas e seus profissionais, como ilustrado neste exemplo:

---

[12] HARARI, Y. N. *21 lições para o século 21*. São Paulo: Companhia das Letras, 2018. p. 76.

[13] Disponível em: www.gov.br/mds/pt-br/acesso-a-informacao/lgpd. Acesso em: 16 abr. 2024.

Engenheiros estão desenvolvendo um software que detecta emoções humanas com base nos movimentos dos olhos e dos músculos faciais. Acrescente uma boa câmera ao aparelho de televisão, e esse software saberá quais cenas nos fizeram rir, quais cenas nos deixaram tristes e quais cenas nos entediaram. Em seguida, conecte o algoritmo a sensores biométricos, e ele saberá como cada fotograma influenciou nosso ritmo cardíaco, nossa pressão sanguínea e nossa atividade cerebral.[14]

Da análise 1.0 à 4.0 em 10 anos

Conforme Davenport e Harris (2018), a extração de insights dos dados foi relativamente estável por cerca de trinta anos. Houve avanços tecnológicos, mas o processo de criar um gráfico de barras ou executar uma regressão não mudou muito. Mas, após a virada do milênio, o ritmo das mudanças foi muito acelerado.[15]

Os autores elaboram uma linha do tempo da análise 1.0 para a análise 4.0. Passamos da análise descritiva — relatórios e explicações visuais do que aconteceu no passado — e fraca em predizer o futuro (análise preditiva) ou para fazer recomendações sobre como realizar um trabalho melhor (análise prescritiva). A seguir, entramos na era do Big Data — grande conjunto de dados armazenados. Depois, o Big Data para grandes empresas e o Small Data (pequenos dados) do fluxo de cliques, sentimentos das mídias sociais, dados sensoriais da Internet das Coisas e informações de localização de clientes — o que quer dizer que não é mais uma questão de Big ou Small data, mas de todos os dados.

Ao chegar na análise 4.0, temos uma diferença marcante. Enquanto nas eras anteriores a análise era gerada por um analista humano, agora entra a interação humano/máquina, em que a IA ou as tecnologias cognitivas, com aprendizado de máquina, reafirmam a Lei de Moore (o poder de processamento dobrará a cada dezoito meses).

Por isso, Davenport e Harris (2018) sugerem as seguintes perguntas a serem feitas na avaliação de novas iniciativas analíticas em uma empresa.

---

[14] HARARI, Y. N. *op. cit.*, p. 78.

[15] DAVENPORT, T. H.; HARRIS, J. G. *op. cit.*

1. Como esse investimento nos tornará mais competitivos?
2. Até que ponto esse investimento nos tornará mais ágeis para respondermos às mudanças nas condições do mercado?
3. Como a iniciativa poderá melhorar nossas competências analíticas em toda a empresa?
4. Como esse investimento alimentará melhores oportunidades de inovação e crescimento?
5. Quais mudanças complementares deverão ser promovidas para extrair o máximo de vantagens das novas competências, como o desenvolvimento de habilidades novas ou aprimoradas, a melhoria da TI (Tecnologia da Informação), o treinamento e os processos ou a redefinição de funções?
6. Os dados certos existem? Se não, podemos coletá-los ou criá-los? Os dados são oportunos, consistentes, precisos e completos?
7. A tecnologia é confiável? A relação entre custo e benefício é favorável? Ela é flexível e pode ser redimensionada? É a abordagem ou ferramenta adequada para a função certa?

> *Existe uma lição aqui. Extrair valor das informações não depende principalmente da quantidade de dados que você tem ou das tecnologias utilizadas para analisá-los, apesar de que estas possam ajudar. Em vez disso, é o quão agressivamente você explora esses recursos e o quanto os utiliza para criar novas ou melhores abordagens para fazer negócios.*
>
> **– Thomas Davenport e Jeanne Harris**

Pensando à frente: dados e análises até 2028[16] e além!

O estudo "**Gartner 100 Data & Analytics Predictions Through 2028**" apresenta reflexões relevantes.

As previsões anuais destacam a importância dos dados e da análise em uma gama cada vez maior de iniciativas comerciais, e do uso da tecnologia para apoiar sua implementação. Líderes em dados e análise devem utilizar essas previsões para aprimorar sua visão estratégica e seus programas de entrega.

O futuro da IA: remodelando a sociedade

> Até 2025, a IA generativa apoiará autores, profissionais de marketing e outros em 50% da geração de novo conteúdo.

> Até 2025, 70% das empresas identificarão o uso sustentável e ético da IA entre suas principais preocupações.

> Até 2025, criminosos virtuais roubarão bilhões usando réplicas *deepfake* de pessoas e geração de voz, levando provedores de telecomunicações a implementar tecnologia para melhor autenticar voz e vídeo.

> Até 2025, para cada IA benéfica haverá uma IA concorrente para compensar o valor da primeira.

> Até 2026, metade da IA será usada para validar a outra metade da IA.

> Até 2027, organizações, incluindo grandes empresas de tecnologia, terão dificuldade em encontrar dados confiáveis e poder computacional suficiente para treinar IA.

> Até 2027, 50% dos engenheiros de software de empresas usarão ferramentas de codificação alimentadas por aprendizado de máquina, em comparação com menos de 5% hoje.

---

16 DUNCAN, A.; JAMES, S. Gartner 100 Data and Analytics Predictions Through 2028. 24 abr. 2023. Disponível em: https://webinar.gartner.com/550573/agenda/session/1244412?login=ML\. Acesso em: 27 nov. 2023.

> Até 2028, os níveis de investimento em IA diminuirão para 10% dos níveis de 2023, após progressos decepcionantes na superação das limitações da IA e enormes escândalos de IA que erodirão a confiança pública na tecnologia.

> Agora faça uma pausa para pensar e responder: quais desses aspectos impactam (ou impactaram) sua vida profissional e sua empresa?

Resumo/Principais lições da Parte I

Nesta primeira parte, começamos lembrando uma questão importante, que até hoje nos cerca: a capacidade de transmitir informações.

Nessa trajetória do *Homo sapiens* ao *Homo data*, milhares de anos se passaram e algumas questões não podem deixar de ser respondidas na avaliação de novas iniciativas que envolvem dados e tecnologia em uma empresa.

Por isso, reforçamos a importância de você, caro leitor, responder às perguntas propostas por Davenport e Harris (2018):

1. Como esse investimento nos tornará mais competitivos?
2. Até que ponto esse investimento nos tornará mais ágeis para respondermos às mudanças nas condições do mercado?
3. Como a iniciativa poderá melhorar nossas competências analíticas em toda a empresa?
4. Como esse investimento alimentará melhores oportunidades de inovação e crescimento?
5. Quais mudanças complementares deverão ser promovidas para extrair o máximo de vantagens das novas competências, como o desenvolvimento de habilidades novas ou aprimoradas, a melhoria da TI (Tecnologia da Informação), o treinamento e os processos ou a redefinição de funções?

6. Os dados certos existem? Se não, podemos coletá-los ou criá-los? Os dados são oportunos, consistentes, precisos e completos?

7. A tecnologia é confiável? A relação entre custo e benefício é favorável? Ela é flexível e pode ser redimensionada? É a abordagem ou ferramenta adequada para a função certa?

> Ou seja, foram realizadas análises — correlações de dados e informações que levam a uma tomada de decisão mais assertiva, com menores riscos empresariais, a partir das respostas que você pensou?

Parte II

Inteligência humana e artificial

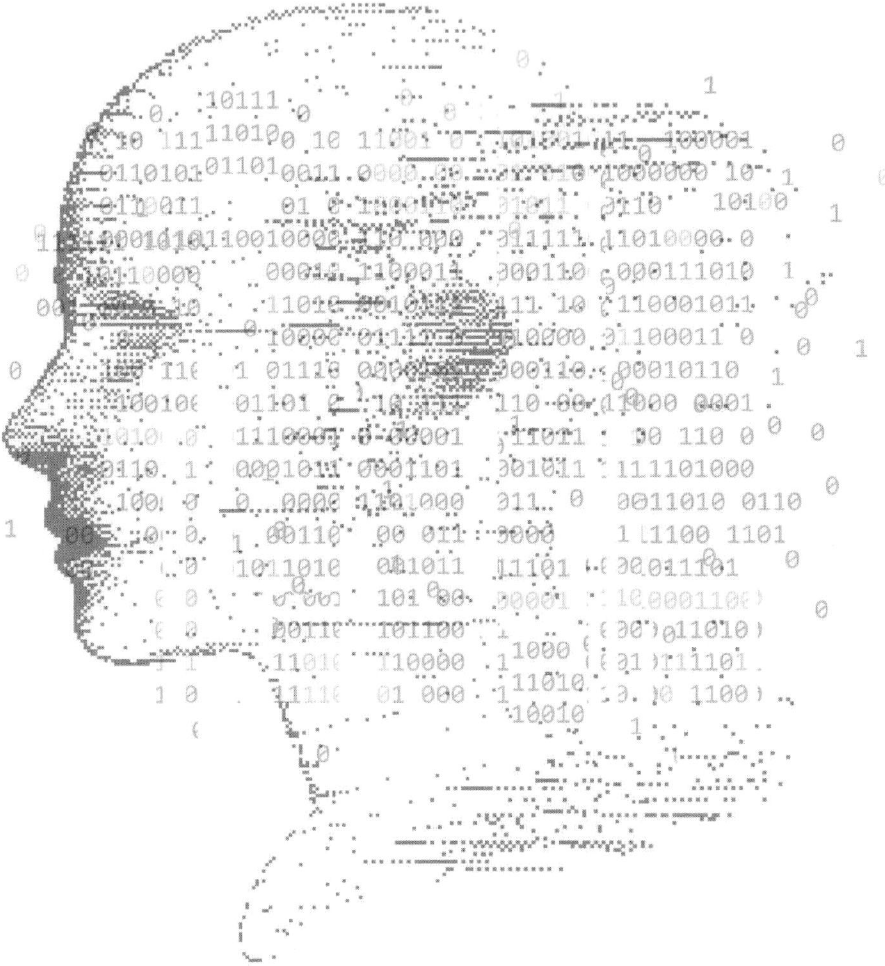

O avanço da inteligência artificial generativa

Não podemos falar sobre inteligência artificial sem falarmos sobre inteligência humana. No dicionário, temos como definição de "inteligência" o seguinte descritivo: "Faculdade de conhecer, compreender e aprender. Capacidade de compreender e resolver novos problemas e conflitos e de adaptar-se a novas situações."

É reconhecido pela ciência em geral que pouco sabemos sobre a capacidade do cérebro, e, consequentemente, de nossa capacidade intelectual. Ou seja, pouco sabemos sobre a inteligência humana.

O psicólogo Howard Gardner, autor dessa teoria, afirma que existem ao todo sete tipos de inteligência (Linguística, Lógica, Motora, Espacial, Musical, Interpessoal e Intrapessoal), e que todas as pessoas têm um pouco das sete inteligências, que se combinam entre si.

Com isso, estudiosos do pensamento cognitivo concluíram que a inteligência humana vai muito além do que costumávamos avaliar com os primitivos testes de QI (quociente de inteligência), que mensuravam apenas as habilidades Lógicas e Linguísticas.

Ainda na busca pela compreensão da inteligência humana, vamos falar sobre um projeto de mapeamento do cérebro humano que está sendo desenvolvido pelo Google.

No Projeto Conectômica[1] (que utiliza técnicas detalhadas de imagem para mapear as vias físicas do cérebro), cientistas dessa empresa finalmente conseguiram produzir o maior mapa de conectividade cerebral feito até 2021. O modelo mostra 25 mil neurônios e **20 milhões de sinapses** em atividade entre eles. Trata-se do cérebro de uma "mosca", que possui em média 1000 mil neurônios. Para se ter uma ordem de grandeza, o cérebro humano possui cerca de **86 bilhões de sinapses**. O trabalho de reconstrução para posterior análise da capacidade de sinapses do cérebro da mosca levou dois anos para ser desenvolvido; logo, para atingirmos o mesmo nível em relação ao cérebro humano, teremos que nos dedicar um pouco mais.

---

1 BLAKELY, T.; JANUSZEWSKI, M. "A Browsable Petascale Reconstruction of the Human Cortex". *Google AI Blog*, 2021. Disponível em: https://ai.googleblog.com/2021/06/a-browsable-petascale-reconstruction-of.html. Acesso em: 15 nov. 2023.

Por que é importante conhecer a "conectividade" dos neurônios humanos? Ao dominar as razões pelas quais eles realizam bilhões de combinações elétricas em milissegundos, talvez possamos desvendar a essência da inteligência "humana", e, assim, criar algo verdadeiramente "inteligente".

Se a inteligência humana ainda é um objeto de estudo pouco decifrado pela humanidade, o que podemos, de fato, considerar como inteligência artificial?

O dicionário Aurélio define inteligência artificial "um ramo da ciência da computação que busca, através de símbolos computacionais, construir mecanismos e/ou dispositivos que simulem a capacidade do ser humano de resolver problemas".

Esse ramo de pesquisa teve início durante a Segunda Guerra Mundial. O primeiro artigo científico sobre o uso de redes neurais artificiais foi escrito por Warren McCulloch e Walter Pitts (1943). Depois, Donald Hebb (1949) introduziu o primeiro sistema de redes neurais simulando "máquinas", conhecido como rede de auto-organização, enquanto Frank Rosemblatt (1958) apresentou o Perceptron, uma técnica de aprendizado supervisionado.

As redes neurais são uma representação simples do emaranhado de conexões, denominadas sinapses, que ocorrem em nosso cérebro. Os algoritmos atuais fazem tais correlações de forma binária, com base em cálculos probabilísticos de semelhança.

Nas décadas de 1960 e 1970 foram publicados estudos importantes sobre modelos de redes neurais em áreas como visão, memória, controle e auto-organização, realizados por pesquisadores como Amari, Anderson, Cooper, Cowan, Fukushima, Grossberg, Kohonen, von der Malsburg, Werbos e Widrow.

Nos anos 1980, John Hopfield (1982) publicou um estudo sobre a utilização de redes simétricas para otimização, e David E. Rumelhart, Geoffrey E. Hinton e Ronald J. Williams introduziram o poderoso método *backpropagation*.

Porém, podemos agrupar todos esses estudos como centrados nas linhas de inteligência "lógica e linguística". Todos eles se baseiam em algoritmos matemáticos (lógica) e são fundamentados em probabilidades estatísticas, utilizando fatores linguísticos, como taxonomia e árvores de decisão, para aproximar decisões "lógicas".

Em resumo, o que atualmente chamamos de "inteligência artificial" consiste, principalmente, em algoritmos matemáticos binários. Eles podem ser treinados mediante a apresentação prévia do que determinamos como "certo" ou "errado" (método denominado aprendizagem supervisionada), ou podem chegar a conclusões com base nas semelhanças probabilísticas dos itens apresentados, construindo grupos com maior peso de verossimilhanças (*clusters*); é o que denominamos "métodos não supervisionados".

Há também uma combinação dos dois métodos, conhecida como aprendizado por reforço (*reinforcement learning*), em que o algoritmo é premiado quando, por meio do aprendizado não supervisionado, consegue identificar algo que desejamos que ele aprenda. Dessa forma, o algoritmo pontua seus acertos e melhora sua capacidade de aprendizado.

Na mesma linha dos métodos não supervisionados, temos o denominado aprendizado profundo, ou *deep learning*, em que a aprendizagem é realizada através de várias camadas de processamento. Esse método utiliza redes neurais artificiais que buscam replicar o comportamento do cérebro humano, mencionado anteriormente, e tentam simular o que fazem nossas bilhões de sinapses. No conceito de redes neurais artificiais, podemos ter uma rede neural rasa, com apenas uma camada oculta, ou seja, teremos apenas uma camada de neurônios entre os dados de entrada e saída da rede neural.

Não vamos nos aprofundar nos métodos estatísticos aplicados dentro do conceito de redes neurais, porém, para explicar de forma clara como funcionam essas técnicas de aprendizado profundo, precisamos conhecer as principais arquiteturas de redes neurais, que são:

1. Redes perceptron multicamadas (MLP):[2] é um algoritmo simples destinado a realizar a classificação binária; isto é, prevê se a entrada pertence a determinada categoria de interesse ou não. Comumente utilizado para detecção de anomalias ou fraudes.
2. Redes convolucionais:[3] desenvolvida em 1998 por Yann LeCun e seus colaboradores para reconhecimento de dígitos manuscritos chamado LeNet. Foram utilizados os métodos de *backpropagation* em uma rede *feed forward* com muitas camadas ocultas, e muitos mapas de unidades replicadas em cada camada, para formar uma rede ampla capaz de lidar

---

[2] MURTAGH, F. "Multilayer perceptrons for classification and regression". *Neurocomputing*, v. 2, n. 5–6, p. 183–197, 1991.

[3] SIMARD, P. Y.; BOTTON, L.; HAFFNER, P.; LECUN, Y. "Boxlets: A Fast Convolution Algorithm for Signal Processing and Neural Networks". Disponível em: https://proceedings.neurips.cc/paper_files/paper/1998/file/1bc0249a6412ef49b07fe6f62e6dc8de-Paper.pdf. Acesso em: 20 nov. 2023.

com vários caracteres ao mesmo tempo. Este método é utilizado principalmente para classificar imagens, agrupá-las por similaridade (buscar fotos) e realizar reconhecimento de objetos dentro de cenas.

3. Redes recorrentes:[4] as RNN são um conjunto de algoritmos de redes neurais artificiais criados para o processamento de dados sequenciais, como som, dados de séries temporais ou linguagem natural (voz).

4. Long Short-Term Memory (LSTM):[5] foram criadas nos anos 1990 pelos pesquisadores alemães Sepp Hochreiter e Juergen Schmidhuber, que apresentaram uma variação da rede recorrente com as chamadas unidades de Long Short-Term Memory para resolver uma falha do algoritmo *vanishing gradient*. O LSTM ajuda a preservar o erro, que pode ser copiado por tempo e camadas. Preservando o erro de forma constante, as redes recorrentes conseguem continuar aprendendo ao longo de vários passos de tempo (mil ou mais), vinculando "causa e efeito" do erro. Com isso, aprimora-se o aprendizado de máquina.

5. Rede Hopfield:[6] John Hopfield desenvolveu esse método em 1982, baseando-se no fato de que as conexões são simétricas e que existe uma função de energia global. Cada "configuração" binária da rede neural possui um nível de energia, e a regra de decisão do limite binário pode orientar a rede a alcançar o mínimo dessa função de energia. Esse método é utilizado para reduzir o consumo de memória ao minimizar a energia para a rede neural.

6. Máquinas de Boltzmann:[7] é um tipo de rede neural recorrente estocástica. Pode-se dizer que foi uma das primeiras redes neurais capazes

---

[4] GRAVES, A. "Generating Sequences with Recurrent Neural Networks". 2014. Disponível em: https://arxiv.org/abs/1308.0850. Acesso em: 18 nov. 2023.

[5] HOCHREITER, S.; SCHMIDHUBER, J. "Long Short-Term Memory". *Neural computation*, v. 9, n. 8, p. 1735–1780, 1997.

[6] HOPFIELD, J. J. "Neural Networks and Physical Systems with Emergent Collective Computational Abilities. *Proceedings of the National Academy of Sciences of the United States of America*, v. 79, n. 8, p. 2554–2558, 1982. Disponível em: https://www.pnas.org/doi/abs/10.1073/pnas.79.8.2554. Acesso em: 4 dez. 2023.

[7] SALAKHUTDINOV, R.; HINTON, G. *Deep Boltzmann Machines*. Disponível em: https://proceedings.mlr.press/v5/salakhutdinov09a/salakhutdinov09a.pdf. Acesso em: 20 nov. 2023.

de aprender representações internas e resolver problemas combinatórios complexos (2012).

7. Deep Belief Network:[8] este método foi apresentado pelo pesquisador Geoff Hinton em 2006. Trata-se de uma pilha de Máquinas de Boltzmann Restritas (RBM – Restricted Boltzmann Machines), onde cada camada RBM se comunica com as camadas anterior e posterior. Os nós de qualquer camada única não se comunicam lateralmente. Essa pilha de RBMs pode criar um classificador ou simplesmente ajudar a agrupar dados não gravados em um cenário de aprendizado não supervisionado. As Deep Belief Networks são utilizadas principalmente para reconhecer, agrupar e gerar imagens, sequências de vídeos e dados de captura de movimento, além do processamento de linguagem natural.
8. Deep Auto-Encoders:[9] são compostos duas redes simétricas Deep Belief, que tipicamente têm quatro ou cinco camadas rasas representando a metade de codificação (*encoder*) da rede, e um segundo conjunto de quatro ou cinco camadas que compõem a outra metade de decodificação (*decoder*). As camadas da rede neural são Máquinas de Boltzmann Restritas, que servem como blocos de construção das Deep Belief Networks, e podem apresentar diversas particularidades. Este método tem como objetivo reduzir a dimensionalidade não linear, fornecendo mapeamentos flexíveis em ambos os sentidos. É um método ao mesmo tempo simples e complexo, pois exige a alternância de pesos para aprimorar o aprendizado, o que implica a necessidade de interação humana.
9. Generative Adversarial Network:[10] foi mencionada pela primeira vez em 2014 no artigo de Ian Goodfellow e outros pesquisadores da

---

8 HINTON, G. E.; SALAKHUTDINOV, R. R. "Reducing the Dimensionality of Data with Neural Networks. *Science*, v. 313, n. 5786, p. 504–507, 2006. Disponível em: https://www.cs.toronto.edu/~hinton/absps/science.pdf. Acesso: 20 nov. 2023.

9 PHAN, N. *et al.* "Differential Privacy Preservation for Deep Auto-encoders: An Application of Human Behavior Prediction. *Proceedings of the AAAI Conference on Artificial Intelligence*, v. 30, n. 1, 2016. Disponível em: https://ojs.aaai.org/index.php/AAAI/article/view/10165. Acesso em: 19 nov. 2023.

10 GOODFELLOW, I. J. *et al.* "Generative Adversarial Nets." Disponível em: https://proceedings.neurips.cc/paper_files/paper/2014/file/5ca3e9b122f61f8f06494c97b1afccf3-Paper.pdf. Acesso em: 20 nov. 2023.

Universidade de Montreal, no Canadá, incluindo Yoshua Bengio. A redes neurais GAN são arquiteturas de redes neurais profundas compostas por duas redes, colocando uma contra a outra. Isso não esclarece muito, então vamos descer um pouco e descrever como funcionam os algoritmos discriminatórios: eles tentam classificar os dados de entrada e prever a que categoria esses dados pertencem. Enquanto os algoritmos discriminatórios mapeiam recursos para rótulos, os generativos não buscam prever a categoria, mas sim as características de determinado rótulo através de probabilidades. Ou seja, modelos discriminativos aprendem as diferenças entre as classes, e os generativos identificam a distribuição das classes.

10. Deep Neural Network Capsules:[11] em 2017, Geoffrey Hinton publicou dois artigos que introduziram a rede neural em cápsulas (DNNC). Também publicou um artigo sobre o algoritmo de roteamento dinâmico entre cápsulas, que complementa o processo de treinamento desse novo tipo de rede neural.

Listamos tudo isso para poder explicar a grande sensação dos anos 2022/2023, a inteligência artificial generativa, ou *generative artificial intelligence* — GenAI. Trata-se da combinação de algoritmos de aprendizagem profunda, como as GANS (Generative Adversarial Networks), que vimos anteriormente, e os LLMs (Large Language Models), que já vinham sendo estudados, mas ganharam visibilidade a partir de 2018, com a publicação do método DistilBERT para processamento de linguagem natural, sendo pré-treinados levando em consideração possíveis perdas.

A combinação de métodos garantiu melhoria nos resultados. Essa solução foi baseada na arquitetura *Transformer*, que combina várias camadas de parâmetros para permitir a revalidação por meio de chaves (*tokens*). Com isso, surgiram as versões BERT (Bidirectional Encoder Representations from Transformers) desenvolvidas pelos pesquisadores do Google, e GPT (Generative Pre-Trained Transformers), da empresa OpenAI.

---

[11] SABOUR, S.; FROSST, N.; HINTON, G. E. *Dynamic Routing Between Capsules*. 2017. Disponível em: https://proceedings.neurips.cc/paper_files/paper/2017/file/2cad8fa47bbef282badbb8de5374b894-Paper.pdf. Acesso: 20 nov. 2023.

A inteligência artificial generativa já vinha sendo estudada desde 2020, porém seus melhores resultados foram alcançados pela empresa OpenAI em novembro de 2022. Após o lançamento, o Chat GPT desencadeou uma verdadeira corrida do ouro, como aquela do século XVIII nas Américas.

Mas o que existe por trás desse tipo de algoritmo? Uma combinação dos métodos de *deep learning*, que vimos anteriormente, aliados a um grande volume de dados, nos quais esses algoritmos são treinados, ou seja, executados em diferentes amostras de dados. Para isso, é necessária uma grande capacidade de processamento, o que implica uma infraestrutura de hardware de custo elevado.

Empresas de hardware que fabricam GPUs (Graphics Processing Units)[12] estão animadas com as possibilidades de vendas impulsionadas pela popularização desses algoritmos, pois todo o processamento se dá através desse tipo de memória. Porém, há um impacto no consumo de energia para que esses grandes volumes de dados possam ser analisados por meio de tantos parâmetros.

Os provedores de serviços de nuvem podem oferecer a capacidade para esse tipo de processamento de forma planejada, mas também sofrem o peso do impacto ambiental diante de tamanho consumo de energia.

Diante dessa assertividade e capacidade, além das possibilidades de utilização desse método em vários setores da economia — como na área da saúde, respondendo a questões no diagnóstico de uma doença; na educacional, orientando alunos; ou na jurídica, resumindo diversos capítulos de leis e sua aplicação em casos anteriores —, alguns setores sentem que muitas funções que demandam a análise puramente estatística de dados estão ameaçadas de extinção. Porém, não podemos deixar de lembrar que o fundamento da inteligência artificial que produzimos atualmente se dá com base em cálculos e probabilidades. Não é possível para um algoritmo fazer uma análise de contexto.

Uma análise de contexto vai além das semelhanças e probabilidades de correlação, ela requer a visão do todo. Essa é uma das características da inteligência humana. Os seres humanos conseguem contextualizar as respostas dos algoritmos e inclusive ter a responsabilidade de identificar possíveis vieses gerados pelas bases de dados com as quais esses algoritmos foram treinados.

---

12 GPU é um processador com menos núcleos, mas que trabalha de maneira dedicada a atividades de vídeo dentro do computador. A sigla remete ao nome Unidade de Processamento Gráfico.

Com esse esclarecimento, podemos perceber que os riscos muitas vezes apontados como oriundos da tecnologia nada mais são do que os conhecidos riscos que enfrentamos ao longo da história da humanidade, sem qualquer influência tecnológica, pois quem gera os dados para que os algoritmos sejam treinados são os seres humanos que compõem a nossa sociedade. E nem sempre nesses dados temos a representação total da realidade em que vivemos. Muitos ainda são excluídos do universo digital, logo, muito do mundo real ainda não está representado nas bases de dados com as quais treinamos nossa inteligência artificial.

Como você pode perceber, na inteligência artificial que temos hoje há sempre uma intervenção humana direta (métodos supervisionados) ou indireta (métodos não supervisionados). Isso sem contar que todo o treinamento dos algoritmos se dá sobre amostras de dados preparadas por humanos, com informações coletadas por humanos e gerada por humanos no decorrer de suas ações nos meios digitais.

O que isso significa? Que os resultados dessas análises lógicas elaboradas pelos algoritmos de inteligência artificial estão sempre impregnadas pela inteligência humana que gerou os dados, os preparou e desenvolveu os algoritmos.

Eis então o que une a inteligência humana e a inteligência artificial: os dados!

Unindo os dados que geramos a partir dos canais digitais e a criatividade humana de interpretá-los, podemos obter informações estratégicas sobre o perfil de comportamento dos consumidores de diversos setores, a durabilidade de equipamentos, entre outras informações.

Os dados, considerados o novo petróleo,[13] combustível que move a economia do século XXI, é, sim, extremamente precioso para todos os setores da economia. Porém, assim como o petróleo bruto não move nada, os dados brutos também não levam a nada.

Existe um processo a ser cumprido para que possamos, enfim, extrair valor dos dados e torná-los realmente preciosos para qualquer área de negócios, e é

---

[13] A expressão "O dado é o novo petróleo" é frequentemente atribuída ao matemático e estatístico britânico Clive Humby, que a usou pela primeira vez em 2006, durante uma entrevista ao jornal britânico *The Guardian*. A ideia por trás dessa afirmação é destacar o valor estratégico dos dados na era da informação, comparando-os à importância econômica que o petróleo teve na Revolução Industrial. No entanto, é importante notar que essa metáfora é amplamente utilizada e foi adotada por várias pessoas ao longo do tempo para expressar a crescente importância dos dados na sociedade contemporânea.

por essa perspectiva que a inteligência humana se faz sempre necessária para que seja interdependente da inteligência artificial, a qual se alimenta de dados para existir.

Sim, é fato que milhares de profissões atuais desaparecerão nos próximos anos, devido à popularização das técnicas de inteligência artificial. Mas também é fato que, para que essas novas tecnologias se proliferem, sejam mantidas e atualizadas, inúmeras novas profissões surgirão a cada momento.

O desafio da nossa era é fazermos essa transição sem deixar ninguém se perder no meio do caminho.

Capacitar os profissionais ativos nas novas tecnologias, ajudá-los a migrar das funções que desaparecerão para as novas profissões é um desafio e tanto! Mesmo em países com uma boa base educacional, a transformação cultural da sociedade como um todo pesa quando é preciso deixar de lado o ambiente conhecido e desbravar novos aprendizados já na idade madura.

Em lugares onde a escolaridade média da população é deficitária, como no caso de muitas regiões em desenvolvimento e países pobres, a transição para o mundo digitalizado é ainda mais dolorida. Ali, uma grande parte da população vive de trabalhos que desaparecerão em breve, ocupações repetitivas que exigem pouco ou nenhum uso do intelecto. As novas funções exigem vasto conhecimento em lógica e interpretação de texto, visão sistêmica e senso crítico, além de grande capacidade criativa e resiliência.

Ninguém adquire tais capacidades decorando fórmulas ou um roteiro de respostas possíveis, que é a base do sistema de ensino atual. O desafio é resgatar a capacidade de pensar do ser humano!

O humano orientado a dados

Quando iniciamos esta etapa do livro falando sobre a inteligência humana e a inteligência artificial, concluímos que há um elo que as une: os dados que geramos.

Sendo assim, praticamente todas as novas tecnologias giram em torno dos dados que vamos gerando e deixando como rastros digitais por meio de diferentes canais de comunicação. De acordo com o site *Statista*,[14] até 2020

---

[14] Statista. Volume de dados/informações criados, capturados, copiados e consumidos em todo o mundo de 2010 a 2020, com previsões de 2021 a 2025. Disponível em: < https://www.statista.com/statistics/871513/worldwide-data-created/>. Acesso em: 18nov2023.

a quantidade total de dados criados, capturados, copiados e consumidos globalmente atingiu cerca de 64,2 zettabytes. Até 2025, a previsão é de que esse número cresça para mais de 181 zettabytes.

Para que um leitor não técnico possa ter a dimensão do que esses números representam, podemos fazer a seguinte comparação:

- 1 terabyte, medida de capacidade de armazenamento bem comum para computadores pessoais ou celulares, pode armazenar cerca de 3,6 milhões de vezes 300 fotografias digitais de 1 kilobyte cada, ou cerca de 300 horas de vídeo de boa qualidade.
- Para chegar ao zettabyte, antes temos o petabyte, que corresponde a 1024 terabytes. Depois, temos o exabyte, que corresponde a 1024 petabytes. E, finalmente, o zettabyte, que corresponde a 1024 exabytes.

Agora cremos que é mais fácil visualizar o volume de dados que geramos e consumimos atualmente.

Com a utilização cada vez mais abrangente de canais digitais e de equipamentos dotados de sensores que geram dados (IoTs – *Internet of Things),* ampliamos a cada instante a nossa capacidade de gerar grandes volumes de dados.

Diante dessa avalanche, surgiu o conceito de Big Data, porém, grandes volumes de dados não significam necessariamente uma grande quantidade de informações úteis, ou conhecimento.

Eis o grande desafio do Big Data: encontrar o dado certo, o "*right data*"!

Por que é tão importante encontrar o *right data*? O que nos move nessa compulsão por coletar e armazenar dados?

Através dos rastros digitais — os dados que deixamos ao navegar na internet — e dos equipamentos com sensores que coletam e enviam nossos passos para seus fabricantes, as empresas podem saber muito mais sobre nós do que nós mesmos. A esse volume gigantesco de dados damos o nome "Big Data".

O conceito de Big Data, conforme Viktor Mayer-Schonberger e Kenneth Cukier, pode ser contextualizado da seguinte forma:

> Não há definição rigorosa de Big Data. Inicialmente, a ideia era que o volume de informação havia crescido tanto que a quantidade a ser processada já não se encaixava na memória que os computadores utilizavam para processamento, então os engenheiros precisaram reformular as ferramentas empregadas para

> tudo isso. Essa é a origem das novas tecnologias de processamento, como o MapReduce do Google, e seu equivalente de código aberto, Hadoop, que saiu do Yahoo. Isso permite gerenciar quantidades muito maiores de dados do que antes, e os dados — o que é importante — não precisam ser organizados em linhas ou tabelas de banco de dados clássicas. Outras tecnologias de processamento de dados que dispensam as rígidas hierarquias e homogeneidade de outrora estão também nesse contexto. Ao mesmo tempo, como as empresas de internet podiam coletar vastos volumes de dados e tinham um incentivo financeiro ardente para fazê-lo, elas se tornaram as principais usuárias das mais recentes tecnologias de processamento, superando as empresas offline, que, em alguns casos, tinham décadas a mais de experiência.[15]

A visão dos autores esclarece que a necessidade de aumentar a capacidade de processamento e armazenamento de dados deu origem a uma oportunidade de negócios, que foi o advento das tecnologias de processamento paralelo, como o HDSF (Hadoop Distributed File System), que aumentou a capacidade de processamento dos equipamentos através da sua arquitetura distribuída.

Outro precursor da popularização do conceito de Big Data foi o volume de dados gerados pelos usuários de empresas cuja atividade primária ocorre sobre a plataforma internet, como lojas de comércio eletrônico (um exemplo internacional é a Amazon), empresas de busca (como o Google) e redes sociais (Facebook, Instagram, WhatsApp, LinkedIn, Twitter, TikTok etc.). Todas essas empresas têm manipulado dados de seus clientes a uma velocidade surpreendente e inimaginável, há mais de uma década.

Essas empresas viram nesse enorme oceano de dados uma oportunidade maior ainda de explorar as informações para extrair insights,[16] capazes de permitir-lhes interpretar proativamente as necessidades de seus clientes e os passos de seus concorrentes, e assim tomar decisões mais assertivas, com maior velocidade e baseadas em fatos.

Unindo a evolução da capacidade de processamento e armazenamento de grandes volumes de dados propiciada pela arquitetura distribuída e paralela, com a adoção sistemática dos indivíduos pelos canais digitais (internet

---

15 MAYER-SCHONBERGER, V.; CUKIER, K. *Big Data: A Revolution That Will Transform How We Live, Work, and Think*. [s.l.] John Murray, 2013. p. 6.

16 Do inglês *insights*. Em português: discernimento, conhecimento, intuição.

convencional e móvel), essas empresas iniciaram sua estratégia evolutiva no que atualmente se conhece como transformação digital. E o *right data* é a fonte correta para extrair os insights que levam ao sucesso dos negócios no ambiente digital.

Através desse processo de coleta, armazenamento e processamento ágil dos dados, é possível criar estratégias de marketing, desenvolver novos modelos de negócios, expandir a presença muito além do mercado local, encontrar o cliente ideal, reduzir custos operacionais e prevenir perdas, entre outras inúmeras possibilidades dentro da gestão orientada a dados. Por meio da análise aprofundada desses dados, o processo de tomada de decisão tornou-se mais assertivo e menos passional.

O progresso em dados, análises e inteligência artificial

Um estudo conduzido por Randy Bean[17] com diretores de áreas de dados e ética, e outros líderes de negócios de 116 empresas que integram a Fortune 100 nos setores de serviços financeiros, varejo, bens de consumo, cuidados com a saúde e ciências da vida, entre outros, mostrou tendências preocupantes.

Realizado desde 2012, o estudo foi ampliado e incorporou questões referentes a "análise, aprendizagem automática e inteligência artificial". Entre as conclusões e implicações dessa pesquisa, estão:

- 59,5% dos executivos relataram que suas empresas impulsionaram a inovação com dados. Há quatro anos, o percentual foi o mesmo, 59,5%; portanto, sem alteração;
- 40,8% dos executivos informaram que as empresas estavam com o pensamento na competição em dados e análises. Porém, há quatro anos o percentual foi de 47,6%;
- 39,5% contaram que suas empresas consideravam gerir dados como um ativo empresarial. Há quatro anos o percentual era de 46,9%, um declínio considerável;

---

17 BEAN, R. Has Progress on Data, Analytics, and AI Stalled at Your Company? *Harvard Business Review*, 30 jan. 2023. Disponível em: https://hbr.org/2023/01/has-progress-on-data-analytics-and-ai-stalled-at-your-company. Acesso em: 15 set. 2023.

- 23,9%, ou seja, menos de um quarto, disseram que suas empresas criaram uma organização orientada por dados. Há quatro anos eram 31%;
- O mais desanimador, segundo o autor, é que apenas 20,6% dos executivos — ou seja, um em cada cinco — relataram que foi estabelecida uma cultura de dados em suas empresas. Há quatro anos o percentual era de 28,3%.

Problemas e soluções antigos, só os números são diferentes!

Os resultados da pesquisa não são boa notícia, considerando que 87,8% dos executivos declararam que as empresas aumentaram os investimentos em dados, análises e IA durante o ano de 2022, e 83,9% esperavam que essa tendência de investimento continuasse em 2023.

Contudo, 91,9% dos entrevistados afirmaram que esse investimento para criar valor para o negócio não foi suficiente para alterar as métricas da transformação organizacional.

Foco na mudança cultural e seu impacto nos negócios

Segundo Bean, para os investimentos em tecnologia terem resultados é preciso investir na cultura organizacional, ou seja, nas pessoas, o que muitas vezes é esquecido.

O autor não se surpreendeu ao constatar que 79,8% dos executivos entrevistados identificaram questões culturais, e não tecnológicas, como as maiores barreiras para se tornarem "empresas orientadas por dados".

Nesse caso, barreiras culturais podem ser resultado da educação, da comunicação, dos processos empresariais, do alinhamento organizacional, do desenvolvimento de competências etc., ou seja, de uma ou de várias dessas questões.

O impacto para as empresas e profissionais

Mudanças rápidas originadas pela tecnologia exigem novas habilidades, novos comportamentos dos colaboradores, novas formas de gerenciamento, novos modelos de negócios e estratégias. E também será assim no futuro do trabalho.

Segundo o Fórum Econômico Mundial:[18]

As macrotendências, incluindo a transição verde, os padrões ESG e a localização das cadeias de suprimentos, são os principais impulsionadores do crescimento do emprego, sendo que os desafios econômicos, incluindo inflação alta, crescimento mais lento e escassez de suprimentos, representam a maior ameaça. O avanço da adoção de tecnologia e o aumento da digitalização causarão uma significativa rotatividade no mercado de trabalho, com um saldo positivo geral na criação de empregos.

- As funções de crescimento mais rápido estão sendo impulsionadas pela tecnologia e pela digitalização. Big Data está no topo da lista de tecnologias que devem criar empregos, com 65% dos entrevistados na pesquisa esperando crescimento no número de empregos em funções relacionadas. Espera-se que o emprego para analistas e cientistas de dados, especialistas em Big Data, especialistas em aprendizado de máquina de IA e profissionais de segurança cibernética cresça, em média, 30% até 2027.
- O treinamento de funcionários para utilizar IA e Big Data será priorizado nos próximos cinco anos por 42% das empresas pesquisadas, ficando atrás do pensamento analítico (48%) e do pensamento criativo (43%) em termos de importância.
- O comércio digital levará aos maiores ganhos absolutos em empregos: são esperadas aproximadamente

[18] RELATÓRIO sobre o Futuro dos Empregos 2023. *Fórum Econômico Mundial*, Genebra, Suíça, 1 de maio de 2023. Disponível em: www3.weforum.org/docs/WEF_Future_of_Jobs_2023_News_Release_Pt_BR.pdf. Acesso em: 20 de jun. de 20123.

2 milhões de novas funções habilitadas digitalmente, como especialistas em comércio eletrônico, em transformação digital, e em marketing e estratégia digital.

- Ao mesmo tempo, as atividades em declínio mais rápido também estão sendo impulsionadas pela tecnologia e pela digitalização, sendo que as funções administrativas ou de secretariado, incluindo caixas de banco, além de caixas e funcionários de entrada de dados, deverão sofrer declínio mais rápido.
- Entretanto, embora as expectativas de substituição do trabalho físico e manual por máquinas tenham diminuído, espera-se que o raciocínio, a comunicação e a coordenação — todas características com vantagem comparativa para os seres humanos — sejam mais automatizáveis no futuro.
- Espera-se que a inteligência artificial, um dos principais impulsionadores do possível deslocamento algorítmico, seja adotada por quase 75% das empresas pesquisadas e leve a uma alta rotatividade, sendo que 50% das organizações esperam que ela gere crescimento de empregos e 25% esperam que gere perda de empregos.

Aumento de empregos verdes, educacionais e agrícolas

- O investimento na transição verde e na mitigação das mudanças climáticas, bem como a crescente conscientização dos consumidores sobre as questões de sustentabilidade, estão impulsionando a transformação do setor e abrindo novas oportunidades no mercado de trabalho.
- Espera-se que os efeitos mais fortes de criação líquida de empregos sejam impulsionados por investimentos que facilitem a transição verde das empresas, com mais da metade dos entrevistados esperando que isso aconteça. À medida que os países buscam mais fontes de energia renovável, as funções, incluindo engenheiros de energia renovável e engenheiros de sistemas e instalação de energia solar, estarão em alta demanda.
- O investimento também impulsionará o crescimento em funções mais generalistas, como especialistas em sustentabilidade e profissionais de proteção ambiental, que devem crescer 33% e 34%, respectivamente, traduzindo-se em um crescimento de aproximadamente 1 milhão de postos de trabalho. Entretanto, os maiores ganhos absolutos em empregos virão da educação e da agricultura. O relatório concluiu que no setor de educação o crescimento será de aproximadamente 10%, resultando em 3 milhões de empregos adicionais para professores de educação vocacional e no ensino superior.
- Espera-se que os empregos para profissionais agrícolas, especialmente operadores de equipamentos, niveladores e separadores, tenham um aumento de 15% a 30%, resultando em mais 4 milhões de postos de trabalho. A Indeed, uma

empresa da Recruit Holdings, constatou que, embora a demanda por empregos sociais, como os de saúde e educação, tenha crescido mais rapidamente durante a pandemia, essas vagas são mais difíceis de preencher do que outras.

A urgência da reclassificação

- A lacuna entre as habilidades dos trabalhadores e as necessidades futuras dos negócios coloca sobre as empresas e os governos o ônus de disponibilizar oportunidades de aprendizado e requalificação. O financiamento do governo para o treinamento de habilidades ajudaria a conectar o talento ao emprego, de acordo com 45% das empresas pesquisadas.
- As habilidades cognitivas sólidas são cada vez mais valorizadas pelos empregadores, refletindo a importância crescente da solução de problemas complexos no local de trabalho. Considera-se que as habilidades mais importantes para os trabalhadores em 2023 são o **pensamento analítico e o criativo**, e espera-se que isso se mantenha nos próximos cinco anos.
- A capacitação tecnológica, especificamente em IA e Big Data, se tornará mais importante e as estratégias de habilidades das empresas se concentrarão nisso nos próximos cinco anos.

Em mais detalhes, o estudo do Fórum Econômico Mundial afirma que as habilidades mais importantes que os profissionais precisarão ter já **a partir de 2023 são**:

1. Pensamento analítico
2. Pensamento criativo
3. Resiliência, flexibilidade, agilidade
4. Motivação e autoconhecimento
5. Curiosidade e disposição para aprendizagem contínua
6. Repertório tecnológico
7. Confiabilidade e atenção aos detalhes
8. Empatia e escuta ativa
9. Liderança e influência social
10. Controle de qualidade

Onde focar os recursos?

Para decidir onde focar os recursos para obter um maior impacto estratégico, os gerentes, segundo Davenport e Harris (2018), devem responder ao seguinte:

A. Como podemos nos distinguir no mercado?
B. Qual é a nossa competência distintiva?
C. Que decisões-chave nesse processo, e em outros, requerem o apoio dos insights analíticos?
D. Que informações são realmente importantes para o negócio?
E. Quais são os pontos de alavancagem do conhecimento e das informações para o desempenho da empresa?

Os profissionais mais procurados[19]

O Guia Salarial da Robert Half mostra as perspectivas salariais e tendências do mercado de trabalho para mais de trezentos cargos em finanças e contabilidade, mercado financeiro, seguros, recursos humanos, engenharia, vendas e marketing, tecnologia e setor jurídico.

---

[19] GUIA Salarial 2023. *Robert Half*, 2023. Disponível em: www.roberthalf.com.br/guia-salarial/pratica/vendas-marketing. Acesso em: 20 jun. 2023.

À medida que a economia brasileira se recupera, as áreas de vendas e marketing lideram os esforços das organizações para impulsionar os negócios e envolver-se com os clientes.

E com os avanços da tecnologia, será necessário ter um profissional que entenda do negócio da empresa, e, por consequência, saiba analisar dados e apresentar ações estratégicas para os gestores tomarem decisões para a próxima década de maneira segura.

Tendências em vendas e marketing

Marketing – uma área cada vez mais estratégica

- Construir uma marca forte no mercado é fundamental para que sua empresa cresça e seja sustentável.
- Nesse sentido, a área de marketing, estruturada e com profissionais aptos para explorar as novidades e inovar na atração de clientes, gera negócios e se torna cada vez mais estratégica para a empresa.
- Destaque para os profissionais *data driven*, com conhecimento de software e pensamento criativo e voltado ao negócio.

Vendas – além do networking

- Focado na geração de negócios, rentabilidade e participação no mercado, o time comercial precisa estar cada vez mais atualizado e bem-informado sobre as necessidades dos clientes.
- Além de contar com uma boa carteira e um bom networking, o profissional ideal sabe analisar dados, adaptar processos e personalizar etapas. Saem na frente aqueles com conhecimento de funil de vendas e que falem inglês (a fluência no idioma é praticamente obrigatória para quem quiser crescer e se desenvolver na área).

Inteligência de mercado e de negócios

- Empresas de todos os portes estão apostando em dados como fonte de informações para identificar tendências, minimizar riscos, buscar oportunidades e entender o posicionamento de seus produtos e/ou serviços.
- O papel de traduzir e interpretar um número cada vez maior de dados cabe aos profissionais de inteligência de mercado e de inteligência de negócios (BI).
- Enquanto um olha para informações externas, pertencentes ao mercado, o outro olha para dados gerados pelo próprio negócio.
- Ambas as posições estão em alta e são cada vez mais estratégicas para as empresas, seja no departamento de marketing ou de vendas.
- Além do domínio de ferramentas de análise de dados e programação, destacam-se os profissionais com excelente organização, comunicação, conhecimento de mercado e fluência em outros idiomas.

Os profissionais mais procurados são:

- Analista de inteligência de mercado.
- Analista de inteligência de negócios.

Habilidades mais demandadas	
Técnicas	**Comportamentais**
Inglês (espanhol é um diferencial)	Comunicação
Tech skills	Equilíbrio emocional
Marketing digital	Flexibilidade
Visão de negócios	Criatividade/inovação
Gestão financeira/ rentabilidade	*Teamwork*
Controle de indicadores	Senso de dono
Funil de vendas	Resiliência

Fonte: Robert Half (2023)

Cultura corporativa

A cultura corporativa – e seus pilares – tornou-se muito relevante na atração e retenção de talentos. O tema chama a atenção dos colaboradores, pois simboliza os aspectos únicos de uma empresa, como sua ética, seus valores e suas crenças, orientando suas práticas e formas de trabalho.

Exemplo de perfil para um gerente de inteligência de vendas

A partir de um anúncio da Michael Page para o cargo de Gerente de Inteligência de Vendas em uma empresa multinacional do setor industrial, destacamos as principais tarefas de inteligência a serem realizadas.

- Estabelecer metas claras, fornecendo feedback, e promover um ambiente de trabalho positivo e inclusivo;
- Realizar análises de mercado aprofundadas para identificar tendências, oportunidades e ameaças que apoiem a estratégia de *Go to Market*;
- Gerir dados e informações do CRM que viabilizem a performance do time comercial, tais como os dados do funil de vendas, rastrear o progresso das oportunidades e implementar melhorias contínuas no processo;
- Garantir a qualidade, integridade e atualização dos dados, desenvolvendo processos e políticas para gerenciar a base de dados de vendas;
- Utilizar habilidades em programação e arquitetura de dados para otimizar a coleta, o armazenamento e a análise de informações;
- Desenvolver e implementar uma estratégia de preços eficaz, considerando fatores como custos, concorrência e valor percebido pelo cliente;
- Contribuir para a criação de uma visão estratégica sobre produtos e preços com valor agregado, garantindo a maximização do retorno sobre o investimento;
- Implementar programas de treinamento eficazes para a equipe de vendas, garantindo que estejam equipados com as habilidades e os conhecimentos necessários para alcançar os objetivos de vendas;
- Gerenciar o conteúdo e a jornada de treinamento.

Os benefícios da inteligência competitiva

A inteligência competitiva é um processo estruturado e contínuo que visa coletar, analisar e disseminar informações relevantes sobre o ambiente de negócios da empresa, ou seja, análises sobre as tendências de mercado e consumo que possam aumentar a performance da equipe de vendas.

E sua empresa, aplica inteligência em vendas?

As etapas para implantar inteligência em sua empresa

O cenário empresarial atual é cada vez mais competitivo e volátil, o que torna fundamental que as empresas se mantenham atualizadas sobre as tendências do mercado e o ambiente competitivo.

Nesse contexto, a inteligência competitiva é uma poderosa aliada para fornecer informações estratégicas que impulsionem o sucesso e a tomada de decisão empresarial, com melhores resultados e menos riscos.

O passo a passo para implantar a inteligência de decisão ao negócio

1. Avalie a necessidade

Realize uma análise interna para entender os desafios enfrentados pela equipe de gestão e vendas, e como a falta de informações estratégicas pode estar afetando a tomada de decisão.

2. Defina objetivos claros

Estabeleça objetivos claros para o departamento de inteligência competitiva. Eles devem estar alinhados com os objetivos estratégicos da empresa e ser mensuráveis; por exemplo: a identificação de oportunidades de mercado.

3. Equipe

Em tempos de inteligência artificial, a etapa de coleta de dados já é realizada por inúmeros prestadores de serviços de informações.

Mas a análise, a correlação dos dados e a recomendação de cenários e ações ainda são efetuadas por humanos. E esse é o diferencial do profissional de inteligência: conhecer diversos modelos de análise que ajudarão na tomada de decisão dos gestores da empresa.

Por isso, ter profissionais com habilidades analíticas, conhecimento de mercado, experiência em pesquisa e aptidão para trabalhar com tecnologias de coleta e análise de dados será um diferencial.

4. Identifique fontes de informação

Quais são as fontes de informação mais importantes para a sua empresa? É preciso priorizar o olhar sobre pesquisas de mercado, relatórios setoriais, análises de concorrentes, dados públicos e de veículos de comunicação (portais na web).

5. Estabeleça um processo de coleta e análise de dados

Desenvolva um processo estruturado para coleta, análise e disseminação de informações. Isso envolve definir quais dados serão coletados, como eles serão analisados e como os insights serão comunicados à equipe de gestão e vendas, além de outras áreas da empresa.

6. Utilize tecnologia e ferramentas adequadas à sua realidade

Invista em tecnologia e ferramentas de inteligência competitiva para aumentar a eficiência do departamento. Mas, antes de implantar novas tecnologias, avalie com cuidado se elas atendem as reais necessidades da sua empresa. Para uma pequena empresa, o Excel pode ser uma ferramenta útil. Para uma empresa grande, o Power BI é melhor.

7. Promova a cultura de inteligência (competitiva, de mercado, comercial)

Crie uma cultura organizacional que valorize a inteligência competitiva, ou seja, a gestão com dados. Apresente os benefícios do trabalho de inteligência de forma constante para outros departamentos.

Em resumo, a implantação de um departamento de inteligência competitiva — também conhecido por outros termos, como inteligência de mercado, comercial, de vendas ou de decisão — é um passo crucial para impulsionar a competitividade de uma empresa.

Exemplo: Estudos que apoiam vendas

O impacto do ritmo acelerado das tecnologias em países, cidadãos e empresas é uma realidade cada vez mais comum.

Em todos os setores econômicos, os modelos e processos de negócios estão sendo transformados pelas novas tecnologias digitais.

A atividade de inteligência compreende análise, monitoramento e, principalmente, considerações sobre o ambiente externo. Um analista poderá realizar estudos diferenciados que contemplem análises e insights sobre:

- Participação de mercado;
- Posicionamento de marca;
- Potencial de mercado;
- Estudo da concorrência.
- Análise setorial (estudos e cenários econômicos para os diversos setores da economia, por meio da avaliação de indicadores setoriais, macroeconômicos, sociais e demográficos);
- Mapeamento dos clientes;
- Avaliação da estratégia dos competidores;
- Pesquisa de mercado com equipes comerciais e clientes;
- Revisão e formatação dos diferenciais da empresa, produtos e serviços para equipes comerciais;
- Alinhamento das equipes comerciais às estratégias de marca.

O *Homo data*

De acordo com o Guia Salarial da Robert Half, os profissionais mais procurados na área de tecnologia da informação — e com perspectiva de essa tendência perdurar por muitos anos mais — são:

- Gerentes generalistas/*heads* de TI;
- Profissionais de infraestrutura (analistas de nível sênior, de coordenadores a gerentes);
- Profissionais de segurança da informação (especialistas a gerentes);
- DeVops/DevSecOps;
- *Product owner*;Profissional de dados;

- Arquiteto de soluções;
- *Tech lead*;
- Desenvolvedor RPA;
- Desenvolvedor *full stack* (pleno e sênior);
- Desenvolver *back-end* (pleno e sênior)
- Desenvolvedor *front-end* (sênior).

Somando esses profissionais aos analistas de inteligência de mercado e aos analistas de inteligência de negócios, temos parte do grupo de profissionais da era *Homo Data*.

Do *Business Intelligence* ao *Prescriptive Analytics*

O processo de informatização das empresas teve início na década de 1970, o que tornou possível uma evolução operacional nos negócios. Ao mesmo tempo ocorria uma evolução dos equipamentos de informática (hardware) e dos sistemas de informação (software).

Dessa forma, começaram a surgir repositórios de dados com uma característica comum: a dificuldade de extração de informação. Muita informação valiosa ficava armazenada dentro da própria empresa, porém seu acesso era muito difícil.

Surgiu então o conceito de *Business Intelligence* para resolver esses problemas. Tecnologias e programas aplicativos foram criados para extrair, armazenar, analisar e transformar grandes volumes de dados com o intuito de produzir um ambiente de conhecimento gerador de informações gerenciais, veloz e consistente, capaz de auxiliar os gestores de empresas a tomarem as melhores decisões nos negócios, com base em fatos reais e com profundidade suficiente para descobrir as causas de uma tendência ou de um eventual risco.

Simultaneamente, surgiram os sistemas transacionais, denominados ERP (*Enterprise Resource Planning*) [Planejamento de Recursos Empresariais], os CRM (*Customer Relationship Management*) [Gerenciamento do Relacionamento com o Cliente] e *Supply Chain* [Gerenciamento da Cadeia de Suprimentos], entre outros. Como fontes de dados, esses sistemas centralizavam o registro, processamento e armazenamento de cada etapa do fluxo de trabalho no ambiente corporativo, e assim distribuíam a informação de maneira clara e segura, em tempo real.

Assim, o *business intelligence* tem como fonte principal dados internos da empresa, a maneira como ela se relaciona com clientes e fornecedores, sempre partindo do fluxo de trabalho.

Outra observação quanto ao *Business Intelligence* (BI) é que esses dados são essencialmente estruturados, ou seja, podem ser armazenados, acessados e processados em um formato fixo. Exemplos: bancos de dados relacionais (Oracle, DB2 etc.) e planilhas (Excel).

Entretanto, o BI, como instrumento de tomada de decisão, ao utilizar apenas dados internos relacionados ao que a empresa já fez, não estava mais satisfazendo as necessidades estratégicas de um mundo cada vez mais veloz e interconectado.

No final da década de 1990, com a chegada da internet e do Big Data, o BI agregou dados externos às suas análises, que agora não seriam mais apenas relatórios descritivos sobre algo que ocorreu ao longo de um período determinado dentro da empresa.

Agregando informações externas de concorrentes, dos movimentos do mercado, de fornecedores e clientes, foi possível gerar estudos de inteligência de mercado baseados em fatos que agregavam valor aos dados internos, possibilitando análises de tendências com maior probabilidade estatística de assertividade. Assim, no início da década de 2010 nasce, então, o *Advanced Analytics*, ou análises avançadas!

O *Advanced Analytics* tem como fontes os dados "estruturados" dos sistemas de informações internos das corporações, combinados com os dados "não estruturados", oriundos de redes sociais e demais canais digitais, podendo ser em formato de vídeo, áudio, imagem ou de equipamentos inteligentes (IoT – *Internet of Things*).

Os dados não estruturados são qualquer dado com forma ou estrutura desconhecida, quase sempre de grande volume, pois apresentam vários desafios em termos de processamento para extrair valor.

Também podemos utilizar dados "semiestruturados", que podem conter ambas as formas de dados, ou seja, uma parte estruturada e uma parte não estruturada. Um exemplo de dado semiestruturado é aquele representado em um arquivo XML, como em páginas de sites.

Para analisar essa variedade de formatos foram criadas ferramentas para extrair, tratar, armazenar, analisar e visualizar dados. Dentre as novas armas para análise de dados com foco na identificação de oportunidades ou ameaças às estratégias de negócios, podemos citar o uso de algoritmos matemáticos de *machine learning*, ou "aprendizado de máquina", onde aplicamos modelos estatísticos para analisar com maior rapidez grandes volumes de dados e diversas variáveis, com o intuito de identificar o que realmente pode gerar impacto positivo ou negativo nos negócios.

Tais recursos de modelagem estatística já eram utilizados desde a década de 1940, mas somente com o advento da computação distribuída, por meio do acúmulo de processamento de diferentes máquinas — interligadas por uma rede de computadores e equipadas com softwares que possibilitam o compartilhamento de informações —, foi possível popularizar seu uso.

Aliados ao hardware de alto desempenho, também surgiram os softwares que sustentam a capacidade de distribuição, processamento e armazenamento nesses ambientes. Como ferramentas mestras na manipulação de grandes volumes de dados (Big Data), destacam-se os softwares de código aberto, desenvolvidos de forma colaborativa e sem necessidade de licenciamento, sendo o mais conhecido o ecossistema Hadoop.

A estrutura do Hadoop é formada por um sistema de arquivos, o Hadoop Distributed File System (HDFS). Também faz parte dessa infraestrutura básica o modelo de programação para processamento de dados MapReduce. O MapReduce é um modelo de programação desenhado para processar grandes volumes de dados em paralelo, dividindo o trabalho em um conjunto de tarefas independentes.

Com essa infraestrutura, conseguimos evoluir das análises descritivas dos tempos do BI, quando examinávamos apenas o arcabouço interno dos sistemas de gestão empresarial e avaliávamos o que deu certo ou errado nas decisões estratégicas, para então iniciar as análises preditivas. Agora, contamos com modelagem estatística sobre dados internos e externos, que pode gerar alertas para possíveis riscos ou oportunidades futuras, permitindo-nos entender o que está acontecendo no mercado e tomar decisões rápidas e proativas.

E estamos caminhando para o uso de algoritmos mais avançados, o *deep learning*, ou "aprendizado profundo", que caracterizam o que denominamos inteligência artificial.

Os algoritmos que fundamentam a inteligência artificial nos permitem, através da otimização estocástica, prescrever soluções considerando as incertezas identificadas nos modelos preditivos.

Sendo assim, teremos opções antecipadas de soluções para os nossos dilemas atuais e futuros no ambiente de negócios.

A inteligência de negócios (*Business Intelligence*) evoluiu junto com as novas ferramentas tecnológicas. Começou com relatórios de informações gerenciais oriundas dos sistemas de gestão (Enterprise Resourcing Planning) e planilhas eletrônicas, que geravam relatórios descritivos do que aconteceu, e evoluiu para a utilização de modelos estatísticos preditivos. E com a maior disponibilidade de infraestrutura de hardware, podemos utilizar os recursos de aprendizado de máquina (*machine learning*), com algoritmos avançados que permitem prever e prescrever soluções de problemas de negócios.

Os avanços nos mecanismos de processamento de grandes volumes de dados, aliados aos recursos de programação computacional que viabilizam aplicar as técnicas mais sofisticadas de cálculos estatísticos, permite que tenhamos não apenas a capacidade de fazer análises preditivas, considerando hipóteses e variáveis futuras, mas de criar análises prescritivas (*prescriptive analytics*), oferecendo possíveis soluções a cenários futuros.

Dessa forma, o processo de tomada de decisão se torna mais ágil e disponibiliza aos gestores o tempo necessário para refletir sobre os aspectos ambientais e o impacto de suas decisões na sociedade.

Utilizando dados para prever impactos ambientais

Como mencionado no tópico anterior, quando utilizamos meios digitais ou dados para fundamentar nossas decisões, ganhamos em velocidade, precisão e variedade, o que nos permite ter uma visão realista e ampla dos temas de que devemos tratar. Quando pensamos em aspectos ambientais, não estamos nos referindo unicamente ao meio ambiente, à natureza. Incluímos também o ambiente social, cultural e econômico, onde os fatores que analisamos se realizam. Foi durante a publicação, em 2004, do "Pacto Global" criado pela Organização das Nações Unidas (ONU) e pelo Banco Mundial que surgiu a sigla ESG (Environmental, Social and Governance). Esse conceito introduziu a avaliação financeira focando o impacto ambiental, social e a governança das empresas, ajudando a identificar aquelas que investem com responsabilidade e em conformidade com os Objetivos de Desenvolvimento Sustentável (ODS), também lançados pela ONU, a serem atingidos até 2030.

No Brasil, esses indicadores ganharam relevância a partir de 2020, especialmente entre grandes empresas, instituições financeiras e órgãos governamentais. Com o impacto da Covid-19 e os frequentes desastres naturais (como furacões, tempestades, estiagem prolongada, temperaturas extremas e incêndios florestais incontroláveis), países com grandes reservas naturais e em desenvolvimento passaram a estar em evidência. Também se destacou o que estava sendo feito por empresas e governos para conter o impacto nocivo ao meio ambiente e suas consequências na vida da população, e, consequentemente, na economia global.

O estudo Global Trends 2040, publicado em 1 de março de 2021 pelo Conselho Nacional de Inteligência dos Estados Unidos, aponta que as questões climáticas serão um tópico fundamental para a formulação das novas políticas públicas desse país.

Para isso, precisamos utilizar as novas ferramentas de análise preditiva e prescritiva para mensurar impactos e encontrar possíveis soluções.

Um exemplo prático é a análise preditiva, que pode estimar, por exemplo, emissões de carbono futuras com base em diferentes cenários. Com isso, torna-se possível tomar medidas preventivas para reduzi-las. Outra ferramenta que mencionamos anteriormente são os sensores e dispositivos inteligentes (IoTs – *Internet of Things*), que, uma vez implantados em locais estratégicos, podem monitorar e registrar informações quase em tempo real por meio dos serviços de computação em nuvem. Os algoritmos de inteligência artificial podem fazer a análise desses dados, também quase em tempo real, fornecendo insights sobre o impacto ambiental e identificando áreas que necessitam de ações corretivas.

A combinação dessas tecnologias pode auxiliar na gestão do impacto ambiental de diferentes setores da economia, desde o agronegócio — calculando o desgaste do solo resultante do uso de processos químicos de fertilização —, até a criação de animais para abate — calculando peso ideal, melhores condições de nutrição animal, entre outros. Com esses instrumentos de análise de dados podemos evitar acidentes em maquinários diversos na indústria e otimizar sua vida útil, maximizando a manutenção preventiva e reduzindo o uso excessivo de energia.

Tais elementos são amplamente utilizados no setor de serviços, como varejo e indústria financeira, tanto em meios de pagamento quanto na gestão da cadeia produtiva, incluindo rastreamento de produtos e mensuração de riscos. Além disso, podem ser aplicados para analisar o impacto social, por meio da *people analytics*, ou "análise de pessoas", ajudando a identificar perfis de funcionários dentro de uma organização. Temos equidade? Diversidade? O que podemos fazer para atrair diferentes perfis e nos tornar uma empresa mais diversa? Os dados podem responder a essas questões.

No setor da saúde, durante e após a pandemia de Covid-19, os recursos de análise de dados e o que chamamos de *open data*, ou "dados abertos", permitiram que cientistas do mundo todo pudessem compartilhar conhecimento através da publicação de artigos, e, com isso, colaborar virtualmente com seus colegas na busca por uma vacina eficaz contra o novo vírus, que se propagava muito rapidamente. Sem esses instrumentos de análise de grandes volumes de dados de forma compartilhada, rápida e segura, não seria possível obter êxito em uma linha tão delicada quanto a de criação de vacinas.

Cultura *data driven*

Se as decisões estratégicas passaram a ser tomadas com base nas análises preditivas ou até prescritivas dos algoritmos treinados em grandes volumes de dados, podemos dizer que as empresas se tornaram orientadas a dados.

Eis então o nascimento do que denominamos "cultura *data driven*"!

Porém, não é possível falar sobre cultura *data driven* sem antes esclarecer o que está por trás de todo esse movimento. Muito além da tecnologia, há uma transformação da sociedade que, de certa forma, embora tenha sido propiciada pela tecnologia, não se limita a ela.

O autor David L. Rogers, no livro *Transformação digital: repensando o seu negócio para a era digital*, descreve muito bem este conceito:

> [...] a transformação digital não tem a ver com tecnologia — tem a ver com estratégia e novas maneiras de pensar. Essa nova forma perpassa todas as esferas do negócio, mas cinco delas sofrem acentuadas transformações: Consumidores, Competição, Dados, Inovação e Valor.

Com base nessa definição, podemos dizer que a **cultura *data driven***, ou **cultura orientada a dados**, é tornar a análise de dados um hábito de todos os integrantes da empresa, independentemente do cargo que exerçam. Que todos os processos de trabalho, as decisões rotineiras, tenham como base fatos e dados que justifiquem tal ação.

Dessa forma, a empresa que adota esse modelo de gestão terá uma visão clara e imparcial tanto de seus **consumidores** quanto dos seus **competidores**, e, com base nesses **dados,** terá condições de proativamente desenvolver produtos e serviços **inovadores**, e assim gerar **valor** para clientes, funcionários e fornecedores e transformar o mercado.

Podemos dizer que os pilares da **transformação digital** são as **pessoas**, os **processos** e os **produtos** que levam uma organização a se transformar em um **negócio de sucesso.**

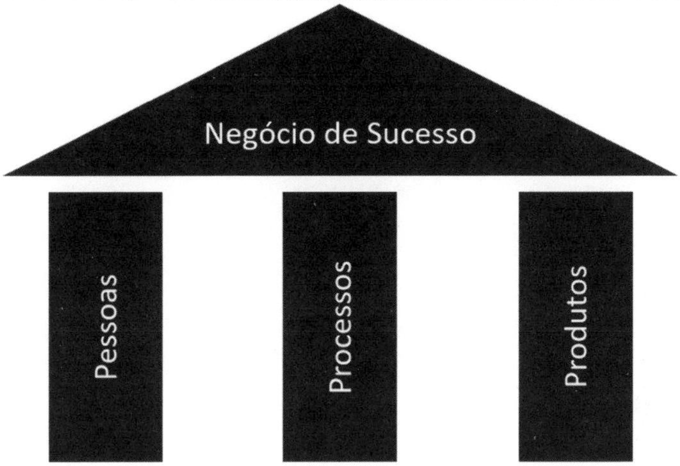

Nesse cenário, podemos dizer que a cultura ***data driven*** permeia esses pilares através da **ciência de dados**, que extrai dos grandes volumes de dados (**Big Data**), os almejados **insights** que permitem a inovação em produtos, serviços e modelos de negócios.

A consultoria estratégica global Gartner, em um relatório de 2015, já apontava que 86% dos executivos das maiores empresas do mundo colocavam os dados e a estratégia de ***analytics*** como prioridade em seus negócios para os anos seguintes.

Outro estudo, da também consultoria global McKinsey, mostrou em 2019 que as empresas que ainda não haviam realizado tais mudanças corriam o risco de ficarem para trás, diante da entrada de novos competidores do mercado que haviam incorporado o *analytics* ao DNA e estavam crescendo no mercado com rapidez.

Com a crise sanitária global da Covid-19, a transformação digital que, em 2019, era esperada para os anos seguintes, ocorreu no espaço de alguns meses ao longo de 2020.

Com a necessidade de distanciamento social e as duras regras de fechamento do comércio, a única alternativa de sobrevivência do setor de varejo, por exemplo, eram os canais digitais.

Os demais setores, que não podiam contar com seus funcionários presencialmente, tiveram que adotar o trabalho remoto, e a educação teve que migrar completamente para o formato à distância. A telemedicina foi enfim aceita, pois era a única forma de combinar cuidados médicos com segurança sanitária.

Em resumo, todas as tecnologias de canais digitais e orientadas a dados que já existiam, porém ainda não eram priorizadas, foram massivamente adotadas por todos os setores da economia.

É claro que a adoção de novas práticas de gestão de forma compulsória, sem planejamento, e por pura falta de opção, gerou percalços para muitos.

Ficaram expostas as fraquezas de muitos setores, como o das telecomunicações, em países com baixo alcance de conectividade. Porém, a necessidade de transformar-se fez com que algumas empresas obtivessem resultados surpreendentes durante uma fase de crise econômica global.

Alguns varejistas que já vinham investindo em inovação e transformação digital ampliaram ainda mais seus resultados durante essa fase emergencial de digitalização sem precedentes.

Isso deu origem a novos modelos de negócios, como os "superapps", que são aplicativos móveis onde se pode comprar todo tipo de artigos, desde alimentos até equipamentos esportivos, em uma única plataforma, pagar digitalmente e receber os produtos em casa.

Os serviços de entrega acionados por equipamentos móveis (smartphones, tablets) ganharam força e, com isso, surgiram mais rastros digitais dos hábitos de consumidores, bem como novas estratégias dos competidores e novos modelos de negócios em desenvolvimento.

No estudo elaborado pela McKinsey entre 2018-2019,[20] com o objetivo de entender o efeito do processo de digitalização no Brasil, foram entrevistadas cento e vinte e quatro empresas de grande e médio porte em diversos setores, visando mensurar a maturidade digital daquelas que atuam no país. Foi utilizado um indicador criado pela própria consultoria para medir o quociente de maturidade digital (Analytics & Digital Quotient – A&DQ), que avalia vinte e duas práticas de gestão críticas para o sucesso da transformação digital e captura de resultado financeiro, distribuídas entre quatro dimensões:

---

[20] MARTINS, H.; DIAS, Y. B.; CASTILHO, P.; LEITE, D. "Transformações digitais no Brasil: Insights sobre o nível de maturidade digital das empresas no país". *McKinsey & Company*, 2018-2019. Disponível em: www.mckinsey.com/br/our-insights/transformacoes-digitais-no-brasil. Acesso em: 18 nov. 2023.

1. Estratégias.
2. Capacidades.
3. Organização.
4. Cultura.

A ferramenta A&DQ atribui uma pontuação única que permite conduzir um *benchmarking* entre empresas pares e líderes, em âmbito global. Os critérios dentro de cada uma das dimensões podem ser classificados da seguinte forma:

1. Estratégia: vinculada às estratégias de negócios e projetos futuros;
2. Capacidades: atribuições como marketing e vendas, bem como plataformas tecnológicas;
3. Organização: estrutura organizacional, talentos e governança;
4. Cultura: agilidade, aprendizado, colaboração interna e tomada de decisão baseada em dados.

O resultado da pesquisa já apontava que, no Brasil, as empresas estavam bem preparadas para a transformação digital e equiparadas aos grandes líderes globais, que atingiam entre 57 e 75 pontos, enquanto o Brasil estava com a nota média de 39 pontos.

Porém, temos que observar uma dificuldade apontada na pesquisa quando comparamos as empresas brasileiras às líderes globais: na dimensão de capacidades, a pontuação dos líderes digitais no Brasil ficou cinco pontos percentuais abaixo dos líderes globais. Isso significa que, em termos de "marketing e vendas digitais", "jornada do cliente", "dados e *analytics*", "modelos e plataforma tecnológica" e "foco na geração de valor", ainda estávamos imaturos.

Isso ficou bem claro no processo de transformação digital repentina durante a crise sanitária. A estratégia de inovação estava na mente dos empresários e executivos brasileiros em 2019, a estrutura organizacional já previa buscar mais profissionais orientados a dados e até a cultura *data driven*, de certa forma, se fazia presente. Porém, a capacidade de transformar essa estratégia em ação, utilizar os dados para a tomada de decisão e criar plataformas digitais que gerassem valor ao negócio não estava ocorrendo no ritmo necessário para que a mudança fosse efetiva. E as empresas que conseguiram transformar as aspirações culturais de se tornarem *data driven* em ações efetivas puderam atravessar a crise e transformar o que era um problema em uma oportunidade.

Com isso, podemos concluir que a transformação digital veio para ficar e não tem volta. Trata-se de uma questão de vida ou morte para as empresas.

Segundo artigo publicado em fevereiro de 2023 pela conceituada revista de negócios norte-americana *Forbes*,[21] os dados e a inteligência artificial redefinem a maneira como administramos negócios:

> Em 2023, o mundo está no meio de três transições muito grandes. A primeira é a transição para uma nova ordem geopolítica e socioeconômica. A segunda é a transição para uma economia de baixo carbono. E a terceira é a primeira implementação verdadeiramente escalada da IA nas empresas. Nesse contexto de oportunidades e desafios, algumas tendências tecnológicas importantes estão claramente tomando forma:
>
> 1. As empresas se transformando de pobres em dados para ricas em dados.
> 2. Os esforços de transformação mudarão de Big Data para Big IA.
> 3. A transformação digital será centrada 80% nas pessoas e 20% em tecnologia.

A mudança de Big Data para "Big IA" reflete a nova geração de algoritmos da inteligência artificial generativa, caracterizada por um alto número de parâmetros combinados e pelo consumo de um volume extraordinário de dados. Sendo assim, temos "grandes volumes de dados" e "grandes conjuntos de algoritmos" para extrair benefícios deles. E a transformação crucial não está na tecnologia em si, mas nas pessoas. Eis então o impacto social que teremos a responsabilidade de administrar: preparar as pessoas para as novas tecnologias e organizar a sociedade dentro desse novo paradigma.

---

[21] SRIVASTAVA, S. Data and AI Will Redefine Businesses In 2023. *Forbes*, 10 fev. 2023. Disponível em: www.forbes.com/sites/sanjaysrivastava/2023/02/10/data-and-ai-will-redefine-businesses-in-2023/. Acesso em: 18 nov. 2023.

Resumo/principais lições da parte II

As principais lições apresentadas estão centradas na evolução da estratégia de negócios do século XX para o século XXI.

As molas propulsoras dessa transição secular podem ser sintetizadas da seguinte forma:

- A popularização da internet propiciou a geração de grandes volumes de dados.
- A evolução da capacidade de processamento dos computadores permitiu a utilização de algoritmos matemáticos para fazer análises complexas, ou seja, tornou viável a aplicação do que denominamos **inteligência artificial.**
- A **inteligência artificial generativa** permite que algoritmos combinados de **redes neurais**, denominados "***transformers***", possam ser treinados com grandes volumes de dados para responder com maior assertividade a diferentes tarefas, por meio da **linguagem natural**.
- Através dos grandes volumes de dados **Big Data**) e da aplicação dos algoritmos matemáticos (***analytics***, **inteligência artificial**) conseguimos extrair **insights** que geram valor aos negócios e nos permitem inovar não apenas na forma como nos relacionamos com os clientes, mas com toda a cadeia produtiva.
- Após o **Pacto Global** criado pela ONU e pelo Banco Mundial, as empresas passaram a ser pressionadas a administrar o impacto ambiental, social e os métodos de governança em suas organizações, reconhecendo esses fatores como determinantes na valorização financeira da empresa. Dessa forma, os indicadores **ESG** se tornaram fundamentais na gestão moderna, com **dados** e ***analytics*** sendo as ferramentas básicas para monitorar e gerenciar esses indicadores.
- O uso dos dados para a tomada de decisão deu início ao que denominamos **cultura *data driven***, em que as decisões são tomadas a partir da análise de fatos extraídos dos dados.

Buscamos conduzi-lo nesta viagem no tempo para que possa identificar o quanto os avanços tecnológicos estão influenciando a sociedade como um todo, trazendo, assim, oportunidades e desafios em todas as áreas do conhecimento.

Para complementar, apresentaremos o conceito de mundo **V.U.C.A.** (***V**olatility, **U**ncertainty, **C**omplexity, **A**mbiguity*) [Volatilidade, Incerteza, Complexidade, Ambiguidade], criado no final do século XX (anos 1990) por militares dos Estados Unidos para designar o contexto mundial após a queda do Muro de Berlim, com o fim da Guerra Fria, que proporcionou o surgimento de várias potências locais, com interesses próprios e relações complexas.

Com a chegada do século XXI, a expansão da internet, a popularização das redes sociais e a velocidade com que as inovações foram acontecendo, o antropólogo Jamais Cascio, em 2018, criou um acrônimo que é considerado a evolução natural do conceito de mundo **V.U.C.A.**: o **B.A.N.I.** (***B**rittle, **A**nxious, **N**onlinear, **I**ncomprehensible*) Frágil, Ansioso, Não Linear e Incompreensível).

O mundo atual deixou de ser complexo, incerto e ambíguo; tornou-se definitivamente incompreensível. Nossas experiências passadas de nada servem, logo, não há mais linearidade, tudo é incerto. Isso nos deixa frágeis e ansiosos.

Se vivemos na era das incertezas e da ansiedade, os **dados**, ou **Big Data**, são nosso elixir de segurança para a tomada de decisão.

Combinando dados e métodos estatísticos, conseguimos gerar prognósticos através dos resultados da prática de ***analytics***.

Se ainda não desvendamos os mistérios do nosso cérebro e a nossa própria capacidade cognitiva, apoiamo-nos na **inteligência artificial** baseada em algoritmos matemáticos binários para ganhar precisão e velocidade nas atividades repetitivas, economizando recursos e o nosso precioso, complexo e incompreensível tempo!

Parte III

Os modelos analíticos que podem fazer a diferença para sua empresa

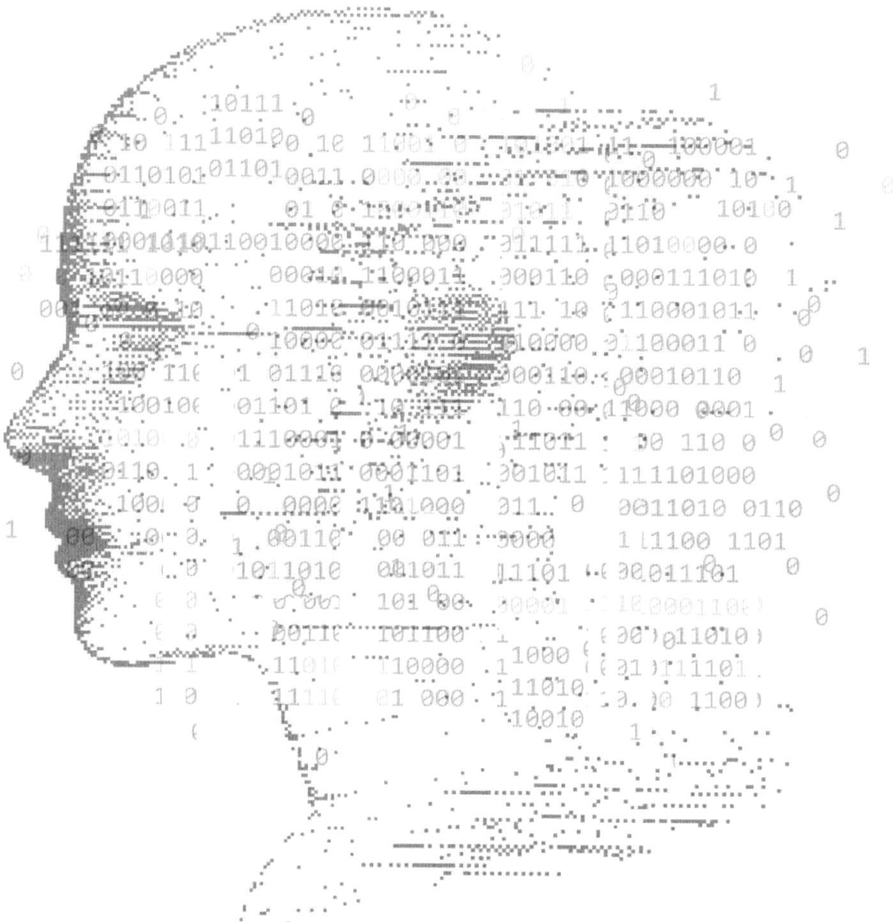

Melhores análises, melhores resultados

Em tempos de incerteza nos negócios, é essencial contar com profissionais cada vez mais capacitados para compreender e aplicar esses conceitos em empresas pequenas, médias ou grandes. Seja por meio de um plano de negócios, de marketing, de comunicação de mercado ou outras estratégias, esses profissionais poderão orientar ou reorientar uma organização de maneira eficaz.

Afinal, como passar pela definição de ações no mercado sem antes fazer um diagnóstico empresarial que gere respostas para os tomadores de decisão da empresa sobre:[1]

1. Quais são as oportunidades e ameaças frente aos objetivos corporativos da empresa?
2. Quais são os resultados de pesquisas externas junto a clientes, consumidores, usuários, distribuidores?
3. Qual é o resultado de uma pesquisa interna (com funcionários) mais recente?
4. As potencialidades e fragilidades da empresa versus as oportunidades e ameaças do mercado?
5. O papel crítico de marketing na empresa?
6. O preparo da empresa para a economia globalizada?
7. Os avanços tecnológicos da empresa?
8. O perfil dos clientes e/ou consumidores?
9. A orientação da empresa em relação ao mercado?
10. Os valores para os clientes/consumidores da empresa?
11. O índice (ou a percepção) de satisfação dos clientes/consumidores da empresa?

---

1 DERTOUZOS, M. L. *O que será: como o novo mundo da informação transformará nossas vidas.* São Paulo: Companhia das Letras, 1997.

12. O marketing de relacionamento e a rentabilidade dos clientes?
13. Os fatores que influenciam o comportamento de compras?
14. Os estágios do processo de decisão de compra da empresa?
15. Os segmentos de mercado da empresa que são alvo de seu plano de marketing?
16. Que considerações adicionais podem ser realizadas para avaliação e seleção de segmentos?
17. A não menos importante análise sobre as ações dos concorrentes e as tendências para o negócio, incluindo questões ESG (Ambiental, Social e Governança)?

Por isso, acredito que para sobreviver em um ambiente empresarial de alta competitividade é preciso saber como lidar com a concorrência, conhecer os novos concorrentes, os possíveis substitutos dos produtos e serviços da empresa, as barreiras de entrada e saída do negócio e o poder de barganha entre os fornecedores e compradores.

Como está seu conhecimento sobre esses tópicos em sua empresa?

As lições dos vendedores de rua

Atualmente, a diferença entre uma empresa e sua concorrente é cada vez mais a habilidade de executar. Se seus concorrentes estão executando os planos melhor do que você, estão derrotando você aqui e agora: os mercados financeiros não esperarão para ver se sua complexa estratégia dará errado.

– Ram Charan[2]

[2] BURCK, C.; BOSSIDY, L.; CHARAN, R. *Execução: a disciplina para atingir resultados. Rio de Janeiro*: Alta Books, 2005.

Recentemente, eu, Alfredo Passos, viajei a trabalho, e após reuniões em diversas empresas visitei os centros comerciais das cidades de Dallas, no Texas (Estados Unidos), Rio de Janeiro e Recife (Brasil).

O objetivo era conhecer micro e pequenas empresas em cada uma dessas cidades, e ver como seus "empreendedores" estão lidando com os negócios.

Claro que idealizei as diferenças de situação e de cultura.

Um micro e pequeno empresário nos Estados Unidos tem mais facilidade que seu semelhante no Brasil. Mais facilidade de crédito, taxas de juros menores, mais incentivos para inovar, enfim, mais condições para competir que seu colega no Brasil, no Rio de Janeiro ou em Recife.

Mas as condições mudaram. Se mais incentivos são destinados aos empreendedores norte-americanos, agora outro fator precisa ser analisado: o consumidor, o cliente, o freguês mudou.

Depois da pandemia, o grupo de clientes do tipo "pé-no-freio" aumentou significativamente; seus hábitos de consumo mudaram, e eles passaram a buscar produtos e serviços mais baratos.

E qual foi a conclusão dessa visita? As marcas próprias (dos supermercados e das farmácias, como medicamentos genéricos, por exemplo) passaram a vender mais. O preço se torna cada vez mais importante para a maioria das pessoas. E para não parar de consumir, a penúltima saída é a troca de marcas.

Mas e no Brasil? O cenário é diferente?

No Rio de Janeiro, a escolha foi a zona do comércio popular, o "Saara", que se assemelha à rua 25 de Março para os paulistanos. Nessa região, há ainda locais de interesse turístico, como a histórica Igreja da Candelária, o riquíssimo Mosteiro de São Bento e a moderna Catedral Metropolitana.

Encontrei, em primeiro lugar, o bom humor carioca. Fui primeiro à barraca daquele famoso camelô que distribui balas para as pessoas que circulam na rua, independentemente se vão comprar ou não em seu estabelecimento. Um show de vendas. Animado, ele me perguntou:

— E quando não tivemos crise?

O que mudou, ele me conta, é que as mulheres andam decidindo muito mais que os homens.

— Como assim? — perguntei.

— Professor, cortar custos, reduzir preços e adiar compras é uma tarefa que as mulheres andam fazendo melhor que os homens.

Com essa compreensão sobre a crise e seus "fregueses", como ele gosta de chamar, ainda perguntei:

— Mas o que mudou na venda dos produtos?

— Professor, na verdade a vontade de comprar é a mesma, só é preciso facilitar um pouco mais. Sabe como é, esticar o prazo para a prestação caber no bolso.

E nas lojas? Panorama semelhante, para não dizer igual.

Conclusão: se os norte-americanos migram para uma marca própria, os brasileiros que vivem circulando pelo centro do Rio de Janeiro mostram mais confiança no seu "vendedor" do que nas marcas. Afinal, é o vendedor que promete assistência técnica e garantia de troca.

Próxima parada: Recife

Apenas uma lembrança histórica: após a invasão holandesa, muitos comerciantes vindos de Portugal — chamados pejorativamente de "mascates" — estabeleceram-se no Recife, trazendo prosperidade à vila.

O desenvolvimento do Recife foi visto com desconfiança pelos olindenses, muitos dos quais eram senhores de engenho em dificuldades econômicas. O conflito de interesses políticos e econômicos entre a nobreza açucareira pernambucana e os novos burgueses deu origem à Guerra dos Mascates (1710-1711), durante a qual o Recife foi palco de combates e cercos.

Partindo da Praça do Diário, o plano era explorar as três principais ruas do centro do Recife: Duque de Caxias, Nova e Imperatriz. A ideia era a mesma: conversar com vendedores de rua e lojistas (micro e pequenas empresas).

Para facilitar a comparação, escolhi um item da chamada categoria "cama, mesa e banho": lençóis. Como todo estudo qualitativo, selecionei a amostra: quatro lojistas e quatro vendedores de rua.

Em se tratando de um dia de semana, encontrei um movimento considerado "razoável" e uma temperatura de 26°C em Recife; em Dallas, Texas, terminei o dia da visita com 16°C.

Mas e a diferença para Dallas ou o Rio de Janeiro?

Pois é, também poderia chamar esta crônica de "aprendendo com os vendedores de rua".

Seja em Dallas, no Rio de Janeiro ou no Recife, **a primeira coisa que um vendedor precisa decidir, todos os dias, é o que vender.** Se faz frio, artigos de inverno. Se faz calor, artigos de verão. Simples e óbvio, não? Agora pense em fazer isso todos os dias, especialmente nas capitais brasileiras do Sudeste, onde o clima varia algumas vezes ao longo do dia.

No Rio de Janeiro, com o início das chuvas, encontrei vendas de sombrinhas e guarda-chuvas. O mesmo em Recife.

Segunda decisão: quantidade. Quantas sombrinhas ou quantos guarda-chuvas. Vendedor de rua não quer fazer estoque (na verdade, nem pode); quer sim vender hoje para salvar o almoço e o jantar, pois amanhã é outro dia.

Terceira decisão: ponto de venda. É preciso estar nas ruas mais movimentadas, onde as pessoas circulam entre escritórios, restaurantes e lojas comerciais. Além, é claro, de pensar na exposição e demonstração dos produtos. E definir o local pode ser uma extensão para definir o público-alvo. O perfil das pessoas que trabalham no centro da cidade é um; o perfil das pessoas que trabalham na Zona Sul pode ser outro.

Quarta decisão: margem de lucro. É preciso vender, mas também é preciso ganhar; afinal, o ganho de hoje paga parte do empréstimo tomado para comprar os produtos e garantir a sobrevivência não só do vendedor, mas, quem sabe, da família que dele depende.

Conclusão

Seja em Dallas, no Rio de Janeiro ou no Recife, pelo menos essas quatro decisões precisam ser tomadas diariamente, quer por micro e pequenos empreendedores ou por vendedores de rua, empreendedores solitários.

Para isso, é preciso conhecer o mercado, os "fregueses", a concorrência — se ela baixar o preço ao longo do dia, será preciso tomar alguma outra ação — e os fornecedores. Afinal, novos fornecedores podem representar mais ganhos e garantir não só o almoço e o jantar de hoje, mas, quem sabe, o de amanhã.

Especialmente os vendedores de rua desenvolvem a habilidade de conhecer novos fornecedores, estabelecer um preço de venda e, acima de tudo, entender muito bem que, para uma empresa sobreviver, é preciso ganhar dinheiro, ou seja, ter lucro em cada uma das vendas realizadas, pois sem dinheiro (caixa) não haverá venda amanhã.

Você conhece bem os quatro elementos aqui citados?

- O que vender — não as características do produto ou serviço, mas seus benefícios.Quantidade — qual o volume das vendas da sua empresa?
- Quantos pontos de venda sua empresa tem? Quais os mais importantes?

- Qual a margem de lucro da empresa?

Sem venda, não haverá clientes, crescimento, almoço, jantar...

Elaborada essa parte, vamos aprofundar os conhecimentos mediante um estudo de caso.

Estudo de caso – Conhecendo o Brasil

O Brasil está se tornando o país do filho único. De acordo com dados do Instituto Brasileiro de Geografia e Estatística (IBGE), nos anos 1970 o país apresentava uma taxa de 5,7 filhos por mulher; hoje a taxa de fecundidade está em 1,7 e com tendência de queda.

Indústrias de alimentos lançam embalagens menores, confecções infantis "esticam" as coleções até o tamanho 20, agências de viagem apostam na oferta de resorts para compensar o menor número de hóspedes, construtoras investem em apartamentos de dois dormitórios de até $50m^2$ e até a indústria automobilística lança SUVs compactos, depois de aposentar as minivans.

Enquanto o número de crianças em casa diminui, cresce o número de pets. É o Brasil do "filho único", quando o bolso das famílias só consegue bancar o conforto para uma criança, segundo Daniele Madureira.[3]

Pet vai tomando o lugar do segundo filho

Não por acaso o mercado pet cresce dois dígitos todo ano. Em 2022, apresentou um faturamento de R$60 bilhões, uma alta de 16% sobre o ano anterior, segundo o Instituto Pet Brasil.

A título de comparação, trata-se de um volume que supera em mais de 70% o mercado de linha branca no país, que faturou R$35 bilhões no ano passado, segundo a consultoria GfK.

Para 2023, a projeção do setor pet foi de R$67,4 bilhões, entre ração, animais, serviços, atendimento veterinário e medicamentos.

---

[3] MADUREIRA, D. "Brasil do 'filho único' faz empresas mudarem estratégias de negócio". *Folha de S.Paulo*, 16 set. 2023. Disponível em: www1.folha.uol.com.br/mercado/2023/09/brasil-do-filho-unico-faz-empresas-mudarem-estrategias-de-negocio.shtml. Acesso em: 18 set. 2023.

Uma pesquisa conduzida pela Nestlé no Brasil em 2022 identificou que 55% das famílias têm crianças em casa, enquanto 77% delas têm pets.[4]

O cenário é corroborado por outro levantamento, da Kantar, que apontou que em 2022 houve um aumento, em volume, de 6,4% na venda de ração para cães e uma alta de 5,5% na venda de comida para gatos, enquanto as vendas de fraldas descartáveis caíram 0,4% em comparação ao ano anterior.

O mercado de fraldas descartáveis, por sinal, encolheu 7,4% no Brasil entre os anos de 2014 e 2022, para 8,7 bilhões de unidades, segundo a Kantar.

Apartamentos de até 50m² saltaram de 12% para 78% dos lançamentos

Famílias menores demandam moradias menores. De acordo com dados do Sindicato das Empresas de Compra, Venda, Locação ou Administração de Imóveis Residenciais ou Comerciais de São Paulo (Secovi-SP), se em 2004 apenas 12% dos lançamentos residenciais na região eram de apartamentos com até 50 metros quadrados, hoje imóveis com essa metragem representam 78% do total.

Os apartamentos de dois dormitórios, que respondiam por 44% dos lançamentos em 2004, avançaram para 64%. Em compensação, os de três dormitórios, que representavam 33% dos lançamentos há 20 anos, hoje somam 11%.

Se a casa ficou menor, o carro também encolheu. Dos anos 1990 até 2010, minivans como Scénic (Renault), Picasso (Citröen) e Meriva (GM) ganharam o mercado automobilístico com a oferta de um espaço interno generoso.

Mas, desde 2010, os SUVs (mais altos e robustos que os modelos sedã ou *hatchback*) começaram a ganhar espaço no mercado, porém de uma maneira curiosa: na versão compacta.

> Com base nessas informações, elabore uma análise baseada na matriz abaixo, com questões sobre mercados e sobre o composto do negócio (marketing – mercado), em quatro aspectos que podem impactar sua empresa e mudar a estratégia do negócio.

---

[4] BRASIL do filho único faz empresas mudarem estratégias de negócio. *Folha de S.Paulo*, 16 set. 2023. Disponível em: https://www1.folha.uol.com.br/mercado/2023/09/brasil-do-filho-unico-faz-empresas-mudarem-estrategias-de-negocio.shtml. Acesso em: 25 abr. 2024.

Quadro Mercados

Questões sobre mercados		
Compradores	**Demanda**	**Canais**
Que tipo de pessoas compram nossos produtos ou serviços?	A demanda por nossos produtos ou serviços está aumentando ou diminuindo?	Os canais de distribuição de nossos produtos ou serviços precisam ser alterados?
Onde moram? Quanto ganham? Quantos são?	Há novos mercados promissores que ainda não atingimos?	É provável que surjam novos tipos de instituições financeiras?

Questões sobre o composto de marketing ou composto de mercado			
Produto	**Preço**	**Comunicação**	**Distribuição**
Que projeto de produto ou serviço tem maior probabilidade de sucesso?	Que preço devemos cobrar por nossos novos produtos ou serviços?	Quanto devemos investir em comunicação interna e externa?	Onde e por quem nossos produtos devem ser vendidos? (Gerentes de conta, gerentes das agências)
Que tipo de design (comunicação visual) devemos usar?	O preço (tarifa) do(s) serviço(s) deve ser alterado?	Como o orçamento deve ser distribuído entre produtos e áreas geográficas?	Que tipo de incentivos devemos oferecer aos profissionais para impulsionar nossos produtos ou serviços? E, se formos um banco estatal, como proceder?
		Que combinação de mídia – jornais, rádio, revistas, televisão, internet – devemos usar?	

Questões sobre desempenho		
Participação de mercado	**Satisfação dos clientes**	**Reputação**
Qual é a nossa participação no mercado total?	Os clientes estão satisfeitos com nossos produtos ou serviços?	Como o público percebe nossa organização?
Qual é a nossa participação em cada área geográfica? Ou, pelo menos, nas principais capitais?	Como é nosso registro de serviços?	Qual é nossa reputação com os membros do canal? (Agências, escritórios regionais)
Qual é a nossa participação por tipo de cliente?	Há muitas devoluções, reclamações e cancelamentos de serviços?	Qual o nível de compreensão e exigência das práticas ESG por parte de nossos clientes e consumidores?

Fonte: Adaptado de CHURCHILL JR., G. A.; PETER, J. P. *Marketing*: criando valor para os clientes [s.l.] Sariva Uni, 2003. p.12.

Os fundamentos de um negócio: você conhece os números da sua empresa?

Um menino indiano começou trabalhando na pequena loja da família. Pai e tio vendiam sapatos. Sem experiência ou treinamento formal, competiam com outros na cidade que também lutavam por sustento.

Esse menino foi trabalhar como engenheiro na Austrália e mudou-se para os Estados Unidos, onde se tornou professor da Escola de Administração de Empresas da Universidade Harvard e da Universidade Northwestern.

Agora, adulto, aconselha presidentes e conselhos de administração de grandes e pequenas empresas em todo o mundo.

Ele diz que aprendeu uma lição: os melhores presidentes – aqueles das empresas mais lucrativas – são iguaizinhos aos melhores professores que tivemos. São capazes de desmistificar a complexidade e o mistério do negócio, focando nos fundamentos principais.

E os fundamentos de um negócio são:

> **Fluxo de caixa**
> **Margens e giro**
> **Retorno sobre investimento**
> **Crescimento e clientes**

O menino de outrora afirma: "Os melhores presidentes ou os homens e as mulheres solitários dirigindo suas pequenas lojas pensam da mesma forma. Eles conhecem sua situação de caixa. Eles sabem quais itens são lucrativos e quais não são. Eles entendem a importância de um giro alto nos estoques e conhecem os consumidores".

As semelhanças entre vendedores de rua e presidentes de grandes empresas

Quando se fala sobre a gestão de um negócio, os fundamentos ou a base são os mesmos, não importa se é uma grande empresa, uma pequena loja ou um negócio informal, como o dos vendedores de rua.

Pense nos desafios que um proprietário de um pequeno negócio enfrenta. É preciso decidir que consumidores atrair e como efetivamente trazê-los para a empresa, que produtos oferecer e com qual política de preços, que matérias-primas comprar e quanto pagar por elas, que tipo de atmosfera (clima organizacional) oferecer e como criá-la, e fazer tudo isso ao longo de muitas horas.

Imagine um vendedor de rua oferecendo frutas em uma pequena cidade ou na beira da estrada. Todos os dias ele tem que descobrir quais frutas comprar, em que quantidade e com qual qualidade e variedade, com base no que acredita que irá vender. Ou seja, tem que fazer uma previsão de vendas diária.

Além disso, deve estabelecer os preços e ser ágil o suficiente para remarcações ao longo do dia. Afinal, a concorrência "mora ao lado", e nosso vendedor não quer carregar as frutas de volta para casa (nada de estoque).

Ainda, as frutas podem estragar e passar a valer muito menos, se é que vão valer alguma coisa no dia seguinte.

Vale lembrar que nosso vendedor não quer que sobre nada por um único motivo: ele precisa de dinheiro (caixa).

Se reduzir muito os preços, perderá dinheiro, e não terá o suficiente para novas compras no dia seguinte. Se aumentar os preços mais que os concorrentes próximos, não venderá. Então, a indecisão leva ao erro, ou seja, se não for preciso, nosso vendedor perderá.

E não é diferente nas empresas. Se o Banco Central do Brasil aumenta as taxas de juros, cai a venda de automóveis, as empresas podem não conseguir fazer um ajuste tão rápido e acabam com estoque maior que o previsto (na verdade, cada vez mais o objetivo é não ter estoque). Nessa situação, é preciso baixar os estoques para fazer caixa, e nesta hora aparecem mais e mais promoções.

Assim, da mesma forma que o vendedor de rua busca "caixa, as grandes empresas também.

Antes de avançarmos, uma pergunta: você conhece os números da sua empresa sobre:

> Fluxo de caixa?

> Margens e giro?

> Retorno sobre investimento?

> Crescimento e clientes?

Os fundamentos de um negócio

O agora conselheiro complementa: **"Geração de caixa, margem, velocidade, retorno sobre os ativos, crescimento e consumidores são os fundamentos de um negócio"**.

É preciso saber responder às seguintes perguntas:

- A empresa gera caixa e tem um bom retorno sobre os ativos?
- A empresa retém consumidores?
- A empresa cresce?
- Quais são suas respostas para as perguntas acima?

____

____

____

O conselheiro continua: "Os vendedores de rua conhecem bem seus clientes". A partir da observação, podem perceber se eles gostam ou não das frutas, e se as preferências estão mudando.

Presidentes, empresários e profissionais liberais, com perspicácia nos negócios, também têm a mesma relação íntima com os clientes e fortes convicções de que os negócios não prosperarão sem a satisfação deles.

O conselheiro reitera que "clientes precisam de apenas uma razão para comprar de você". Você deve proporcionar algo de que eles realmente precisem ou queiram. E, para descobrir, "basta ouvi-los".

Mas quem é o outrora menino, depois professor, que agora aconselha presidentes e conselhos de administração de grandes e pequenas empresas em todo o mundo?

Ah, sim. É Ram Charan, conselheiro de presidentes e executivos de empresas como GE, Ford, DuPont, EDS (sou ex-funcionário da EDS, por isso a admiração pelo Prof. Charan), Universal Studios e Verizon. É autor de vários livros, como *Encarando a nova realidade*, *Crescimento & lucro*, *Execução* e *O que o CEO quer que você saiba*.

Conhecendo mais sua empresa ou negócio

Charan (2005) ainda afirma que todo negócio é igual por dentro: resume-se em caixa, margem, velocidade, crescimento e clientes.

Por isso, como primeiro modelo de análise foi criado um relatório para a presidência e diretoria com estas informações, seguidas de uma conclusão:

1. **Geração de caixa**: essencialmente, quanto entra na empresa pela venda de produtos ou serviços versus o dinheiro que sai da empresa (salários, impostos, pagamentos a fornecedores).
2. **Margem**: por que a margem bruta cai de x% para y%? O acirramento da concorrência pode achatar as margens brutas de várias empresas, e quem

quiser continuar com vantagem competitiva terá que terceirizar a produção de componentes, para reduzir custos e aumentar a velocidade de venda.

3. **Velocidade**: para uma empresa com investimentos em fios, cabos, satélites, entre outros, a única maneira de melhorar seu retorno com o estreitamento das margens é focar na velocidade. Ou seja, aumentar vendas e melhorar o acerto no mix de produtos.
4. **Crescimento**: saber se a empresa está crescendo, se a taxa é maior, igual ou menor que a da indústria (setor econômico no conceito de Michael Porter) versus a de seus principais concorrentes (competidores).
5. **Clientes**: trata-se apenas de quantidade? A empresa tem mais ou menos clientes que a concorrência? Uma margem maior, igual ou menor que a concorrência? Ganha dinheiro com a classe A e perde com a Classe C e D quando se cancela o serviço? Trata-se de saber se a empresa conhece bem seus clientes? Além das pesquisas quantitativas e qualitativas, os dirigentes da empresa conversam com os clientes?

Agora pense na sua empresa e em quatro dos seus principais competidores para preencher o quadro.

Análise	**SUA EMPRESA**	**Concor-rente A**	**Concor-rente B**	**Concor-rente C**	**Concor-rente D**
Geração de caixa					
Margem bruta					
Veloci-dade					
Cresci-mento					
Clientes					

Fonte: Elaborado pelos autores (2023) a partir da proposta de Ram Charan.

Uma visionária na Administração de Empresas[5]

Mary Parker Follett foi a pensadora de gestão mais visionária do século XX, segundo Gary Hamel. Nascida em Quincy, Massachusetts, em 1868, teve a vida marcada pela Guerra Civil Americana e pela Grande Depressão. Ela foi contemporânea de Frederick Winslow Taylor, mas suas ideias sobre gestão eram decididamente da era pós-industrial.

Vejamos algumas das afirmações que Follett fez em *Creative Experience*, livro lançado em 1924:

- A liderança não se define pelo exercício do poder, mas pela capacidade de aumentar a sensação de poder entre os que são liderados. O trabalho mais essencial do líder é criar mais líderes.
- A tomada de decisão antagônica, por imposição, é debilitante para todos os interessados. Problemas controversos são mais bem resolvidos não pela imposição de um único ponto de vista em detrimento de todos os outros, mas esforçando-se para encontrar uma solução mais elevada, que integre as diversas perspectivas de todos os elementos pertinentes.
- Uma grande empresa é uma coleção de comunidades locais. O crescimento individual e institucional é maximizado quando essas comunidades são autogerenciadas em grau máximo.

Hamel acrescenta que a liderança servidora, o poder da diversidade e as equipes autogerenciáveis foram descobertas argutas de Follett sobre a natureza da liderança, não derivadas de uma pesquisa das práticas de gestão da virada do século, mas do resultado de sua experiência na organização de centros comunitários no bairro de Roxbury, em Boston.

Munida de pouca autoridade formal, e diante do desafio de combinar os interesses de vários elementos rebeldes, Follett desenvolveu uma teoria de gestão que divergia, de forma incisiva, da sabedoria predominante na época e, embora não tenha ocupado nenhum cargo em uma empresa, ela é hoje considerada uma das maiores profetas sobre gestão.

---

[5] BREEN, B.; HAMEL, G. *O futuro da administração*. Rio de Janeiro: Alta Books, 2007.

Sua experiência traz uma importante lição para os inovadores gerenciais contemporâneos: *se você estiver imerso na cultura predominante, é provável que não consiga enxergar o futuro.*

Pense por alguns instantes na sua empresa e descreva:

- Qual é o tipo de liderança que administra a empresa?
- Como são tomadas as decisões?
- As pessoas têm possibilidade de crescer? O treinamento é contínuo?

Ainda pensando na sua empresa, colete dados e faça uma análise a partir da matriz a seguir.

MATRIZ P@SSOS				
ESTRATÉGIA EMPRESARIAL	**ESTRUTURA**	**PESSOAS**	**CULTURA ORGANIZACIONAL**	**NÚMEROS**
> Diferenciação	> Flexível e rápida para reagir às mudanças e acompanhar o Brasil	> Competências	> Quem aprova e quem executa?	> Custos > Lucros
> Liderança Custo Total	> Adaptável aos diferentes ambientes de negócios	> Habilidades	> Burocracia	> Produtividade
> Foco		> Quantos níveis hierárquicos	> País de Origem	> Investimentos
		> Treinados para Serviços	> Foco no Cliente	> Menções Mídia e Redes Sociais

Ao apresentar essa matriz em uma das aulas da ESPM, os estudantes começaram a perguntar por que não a denominava "Matriz P@ssos".

Por meio dessa brincadeira se deu "o batismo" da matriz, que foi utilizada em vários projetos para comprovar sua eficácia. Após uma dezena deles, de fato mostrou-se aplicável, conforme apresentamos a seguir.

O objetivo da Matriz P@ssos é monitorar, observar e analisar empresas e *stakeholders* – como fornecedores, concorrentes, competidores e clientes – que podem substituir nosso produto ou serviço. Além de ser adequada para as questões de ESG, diversidade e etarismo,[6] tudo isso com o objetivo de proporcionar uma melhor tomada de decisão estratégica por parte da diretoria da empresa.

A matriz é composta de cinco etapas/análises: **estratégia empresarial, estrutura, pessoas, cultura organizacional** e **números.**

I - Estratégia empresarial

Como a inteligência competitiva tem relação com a estratégia empresarial, começar pela análise da estratégia de uma empresa ajuda a entender sua atuação no mercado.

Consideramos, ainda, para uma primeira discussão sobre estratégia, a proposta de Michael Porter apresentada no livro *Estratégia competitiva*. Existem outras teorias — em vários projetos utilizamos, por exemplo, as matrizes indicadas pelos professores W. Chan Kim e Renée Mauborgne, autores de *A estratégia do oceano azul*.

Porter identificou três estratégias genéricas que podem ser usadas separadamente ou em conjunto para criar uma posição sustentável a longo prazo.

A primeira é a estratégia competitiva de **custo**, na qual a empresa centra seus esforços na busca de eficiência produtiva, na ampliação do volume de produção e na minimização de gastos com comunicação, assistência técnica, distribuição, pesquisa e desenvolvimento, e que tem no preço um dos principais atrativos para o consumidor.

A opção pela estratégia competitiva de **diferenciação** faz com que a empresa invista mais em imagem, tecnologia, assistência técnica, distribuição, pesquisa e desenvolvimento, recursos humanos, pesquisa de mercado e qualidade, com a finalidade de criar diferenciais para o consumidor.

A estratégia competitiva de **foco** escolhe um alvo restrito, em que a firma atende necessidades específicas de determinado grupo; dessa forma, a empresa pode oferecer algo considerado único pelos clientes.

---

6 Termo usado pela primeira vez pelo gerontologista Robert N. Butler para descrever a discriminação contra adultos mais velhos.

II - Estrutura

Em seguida, é oportuno avaliar a característica da empresa que estamos monitorando e analisando. A proposta é verificar se a empresa é "flexível e rápida para reagir às mudanças e acompanhar o Brasil" e "adaptável aos diferentes ambientes de negócios".

Ou seja, para uma empresa cuja matriz está localizada em outro país, sua decisão pode ser mais lenta que outra cujo decisor (CEO) tem maior autonomia para decidir sobre novos investimentos em produtos e serviços, aumentar ou reduzir preços, desenvolver novos canais de distribuição etc.

Há também as empresas que, embora sejam internacionais, são muito adaptáveis ao ambiente de negócios brasileiro.

III - Pessoas

Sem dúvida, as pessoas, os profissionais, fazem e farão a diferença para empresas privadas, públicas e organizações do terceiro setor.

Ao pensarmos em líderes como Elon Musk, Bill Gates, Steve Jobs, Jeff Bezos e Reed Hastings, entre outros — inclusive muitos brasileiros —, podemos constatar as mudanças que suas ideias trouxeram para a sociedade e para o comportamento de consumo.

Se concordamos que a liderança inspira, então precisamos observar:

1. **Competências**: o que motiva os colaboradores de determinada empresa a fazerem com que essa organização seja diferente? Seu propósito? Sua marca? Ser uma das melhores para se trabalhar?
2. **Habilidades**: Quais são as habilidades que fazem a diferença em uma empresa? As habilidades profissionais são competências desejadas no ambiente de trabalho para que as atividades sejam realizadas da melhor forma possível em cada ocupação. Como agem, por exemplo, com a experiência do cliente? Quais são os serviços oferecidos?
3. **Quantidade de níveis hierárquicos**: muitas empresas mantêm mais de cinco níveis entre a operação e o presidente da empresa. No Brasil, do P ao P — do porteiro ao presidente —, ainda existem empresas com sete níveis hierárquicos. Não precisamos dizer que isso impacta a agilidade e torna os processos mais morosos.
4. **Treinados para serviços**: independentemente de estarmos falando de indústria, comércio, prestadores de serviços ou

organizações do terceiro setor, se uma organização realiza treinamentos constantes para que sua equipe seja sempre melhor nas experiências e no atendimento aos clientes e consumidores, ela, sem sombra de dúvidas, será mais competitiva que muitas outras em seu setor econômico.

IV - Cultura organizacional

A pandemia mostrou as empresas que estão "antenadas" com seu tempo e muitas que não estão. Algumas estavam com problemas de gestão havia algum tempo, e tempos de crise aceleram os negócios ou acabam com eles. Assim:

1. **Quem aprova e quem executa**: é preciso analisar se o principal cargo (CEO) é aquele que aprova tudo na organização. Muitas empresas têm um diretor executivo, ou um cargo próximo ao CEO, que é aquele que aprova e executa muitas das ações estratégicas. Acompanhar somente o CEO em entrevistas, palestras, postagens etc., pode deixar "pontos cegos" sobre o que uma empresa está fazendo.
2. **Burocracia:** situações comuns do dia a dia, como a troca de um produto sem exigência de nota fiscal, são apenas um exemplo da diferença entre empresas que "olham para o cliente" e aquelas que não olham. O relacionamento com essa empresa é fácil ou difícil? Ao telefonarmos, seremos atendidos depois de quanto tempo? Por quantas opções numéricas teremos que passar (o famoso tecle 1, 2, 10 para conseguir falar com o atendente)?
3. **País de origem**: a importância da cultura organizacional tem muita relação com o país de origem da empresa. Empresas norte-americanas têm formas de atuação diferentes das empresas europeias, que são diferentes das asiáticas. Umas planejam muito rapidamente e agem devagar. Outras, ao contrário, planejam durante muito tempo as ações que irão praticar no mercado, mas as executam de forma ágil.
4. **Foco no cliente**: muitas empresas repetem o discurso de que "aqui as pessoas estão em primeiro lugar" ou "o cliente está em primeiro lugar", mas na prática não é assim. A empresa que afirma ter "foco no cliente" e realmente tem, faz toda a diferença. É, portanto, mais competitiva.

V - Números

Para completar uma das análises possíveis sobre uma empresa, é preciso ter atenção aos números.

1. **Custos**: são os gastos da empresa com o produto/serviço e estão ligados à aquisição ou à produção/operação do negócio (matéria-prima; mão de obra; depreciação de máquinas e equipamentos; materiais de conservação e limpeza e viagens ligadas à empresa). Por sua vez, temos as despesas, que somam todos os gastos relativos à administração, como as áreas comercial, de marketing, de desenvolvimento de produtos e financeira. Ou seja, são os desembolsos necessários para manter a estrutura funcionando, porém, que não contribuem diretamente para a geração de novos itens comercializados (contas de água, luz e internet; aluguel; materiais de escritório; gastos com estrutura etc.). E ainda existem outros detalhes a analisar. Tanto os custos quanto as despesas podem ser classificados em fixos ou variáveis.
2. **Lucros**: é importante analisar os lucros das empresas que atuam no mesmo setor econômico. Exemplo: "O 4 maiores bancos do país listados em Bolsa — Banco do Brasil, Bradesco, Itaú e Santander —tiveram lucro líquido recorrente (ou ajustado) de R$21,8 bilhões no 1º trimestre de 20xx. O valor subiu 4x,x% em comparação com mesmo período do ano passado". Em seguida, é hora de analisar separadamente o lucro de cada uma das empresas para fazer uma comparação com a nossa empresa.
3. **Produtividade**: em 2020, a pandemia da Covid-19 teve grande impacto sobre a atividade econômica, o mercado de trabalho e, consequentemente, sobre a produtividade. Segundo dados divulgados pelo Observatório da Produtividade Regis Bonelli do IBRE/FGV, no segundo trimestre de 2020 houve uma elevação da produtividade por pessoal ocupado e por hora habitualmente trabalhada de 0,4% e 0,2%, respectivamente, e um forte crescimento, de 23,9%, da produtividade por hora efetivamente trabalhada, em relação ao mesmo trimestre de 2019. E nas empresas que estamos analisando, o que ocorre? São mais ou menos produtivas em comparação com a nossa

empresa? Isso quer dizer não só agilidade de resposta, mas, acima de tudo, maior ou menor grau de competição.

4. **Investimentos**: apesar das perdas causadas pela pandemia, o investimento das empresas permaneceu ativo em 2021. Pesquisa da Confederação Nacional da Indústria (CNI) destaca que 82% das grandes empresas cogitavam investir ao longo desse ano. Desses investimentos, 76% foram destinados à compra de novas máquinas ou equipamentos, enquanto 23% adquiriram máquinas usadas. Também 68% das grandes corporações investiram em manutenção ou na atualização das máquinas que já possuíam. Ainda que o investimento tenha sido focado em máquinas, muitas empresas também investiram em pesquisa e desenvolvimento (33%) como maneira de ampliar o negócio e sobreviver à crise do coronavírus. E como reflexo das novas formas de trabalho, 30% das companhias também investiram em capacitação profissional e 24% aperfeiçoaram a gestão do negócio. E a nossa empresa, está investindo? Em quê?

5. **Menções nas mídias e nas redes sociais**: uma empresa que investe em comunicação, seja em mídia online ou offline, busca aumentar sua participação de mercado, sua reputação, enfim, estar presente nos segmentos em que atua. Em momentos de crise, empresas cortam investimentos nessa área, e perdem participação ou preferência na escolha dos clientes e consumidores quando a economia retoma seu curso de crescimento, como comprovam alguns estudos. A evolução da tecnologia permite a realização de diversas análises: monitoramento de notícias e impacto das ações de comunicação; captura de milhares de dados relevantes para a empresa, em tempo real; monitoramento das menções sobre marcas, produtos, personalidades e páginas existentes nas redes sociais, entre outras possibilidades. Em síntese, como afirmamos no início, essa não é a única matriz, tampouco a única análise realizada em um projeto de inteligência competitiva. Contudo, em muitos projetos, ela se mostrou de grande valor e uma fonte significativa de resultados para as empresas.

Continuando com os modelos de análise para sua empresa, é hora de vermos um outro modelo analítico.

VRIO: Um modelo de tomada de decisão

Colocando os recursos internos da organização como potencializadores de vantagem competitiva sustentável, em vez de o ambiente externo, o livro *Administração estratégica e vantagem competitiva*, dos Professores J. B. Barney e W.S. Hesterly,[7] apresenta um elemento inédito: um modelo integrador amplo o suficiente para ser aplicado na análise de casos e cenários de negócios e simples o suficiente para ser compreendido e compartilhado.

Chama-se **VRIO: Valor, Raridade, Imitabilidade e Organização.**

O VRIO é um mecanismo que integra dois modelos teóricos: a perspectiva de posicionamento e a visão baseada em recursos. É a principal ferramenta para se conduzir uma análise interna.

Ele representa quatro perguntas que devem ser feitas sobre um recurso ou uma capacidade para determinar seu potencial competitivo:

1. **A questão do valor:** o recurso permite que a empresa explore uma oportunidade ambiental e/ou neutralize uma ameaça do ambiente?
2. **A questão da raridade:** o recurso é controlado atualmente por um pequeno número de empresas competidoras?
3. **A questão da imitabilidade:** as empresas sem esse recurso enfrentam uma desvantagem de custos para obtê-lo ou desenvolvê-lo?
4. **A questão da organização:** as outras políticas e processos da empresa estão organizados para dar suporte à exploração de seus recursos valiosos, raros e custosos de imitar?

Que tal uma prática preliminar deste modelo na sua empresa?

- Identifique os principais recursos que conferem vantagem competitiva ao seu negócio.
- Utilizando o modelo VRIO, pense em como sua empresa sustenta a vantagem competitiva.

---

[7] BARNEY, J. B.; HESTERLY, W. S. *Administração estratégica e vantagem competitiva*. São Paulo: Pearson Prentice Hall, 2008.

- Identifique as principais capacidades internas da sua empresa. Elas podem ser copiadas pelos concorrentes?

Após a análise sobre a perspectiva de posicionamento e a visão baseada em recursos, vamos para outra análise.

Mas, antes de avançar, não deixe de pensar sobre o modelo **VRIO** para sua empresa. Uma das análises mais importantes de um negócio está nos números, ou seja, na gestão financeira. Com base nos conceitos de inteligência financeira, fica a sugestão para realizar uma análise a partir dos conceitos apresentados.

Inteligência financeira

Karen Berman e Joe Knight[8] lembram que a cúpula da empresa está sempre repassando e discutindo dados financeiros com diretores de marketing, chefes de operações e outros subordinados diretos.

Mas até que ponto essa gente entende de finanças?, perguntam.

Os autores buscaram a resposta, e o resultado não foi satisfatório.

Submetida a um teste básico de proficiência financeira – teste que qualquer presidente ou jovem profissional de finanças deveria tirar de letra (na opinião dos autores), uma amostra representativa de administradores nos Estados Unidos (de altos executivos a supervisores) acertou a média de apenas 38% das questões.

A maioria não sabia distinguir lucro de caixa, e muitos não sabiam a diferença entre demonstrativo de resultados e balanço patrimonial.

Cerca de 70% não acertou a definição de "fluxo de caixa livre", hoje o indicador preferido de muitos investidores em Wall Street.

Joe Knight, um dos autores, é diretor financeiro de uma pequena empresa nos EUA. Knight relata que, quando avalia candidatos para uma vaga de engenharia, é comum perguntar se o indivíduo gostaria de conferir os informes financeiros da empresa dos dois anos anteriores. Até hoje ninguém disse sim — talvez por estarem cientes de que não entenderiam nada dos relatórios.

Imagine uma empresa que esteja tentando aumentar o fluxo de caixa operacional, como muitas estão fazendo atualmente. Os autores afirmam que até

---

[8] Diretores do Business Literacy Institute, coautores de *Inteligência financeira na empresa: desmistificando conceitos financeiros e contábeis* [Alta Books, 2017] e autores do artigo "Seu pessoal tem inteligência financeira" [*Harvard Business Review*, 2009].

executivos experientes, acostumados a lidar com uma conta de resultados, podem desconhecer as várias estratégias contidas no balanço que podem influenciar o caixa, como reduzir estoques ou encurtar prazos de pagamento concedidos a clientes.

Outro exemplo é quando estavam auxiliando uma empresa de saúde interessada em aumentar suas margens brutas. A primeira etapa foi ajudar a força de vendas a entender a diferença entre **vender** e **vender com lucro.**

Em síntese, os autores constatam que "a maioria das pessoas não pede esclarecimentos porque não quer parecer ignorante na frente de chefes ou colegas".

- -

Agora teste os seus conhecimentos financeiros,[9] assinalando uma das alternativas em cada uma das questões abaixo:

1. **Os resultados financeiros da empresa devem deixá-lo satisfeito se:**

A) a margem operacional exibir tendência negativa.

B) o custo de mercadorias vendidas exibir tendência de alta.

C) o fluxo de caixa estiver vindo de operações da empresa.

D) o fluxo de caixa estiver vindo de investimentos da empresa.

2. **Hoje, uma empresa tem mais caixa se:**

A) receber antes dos clientes.

B) o total de contas a receber subir.

C) o lucro aumentar.

D) o lucro retido aumentar.

---

[9] Respostas corretas: 1 (c); 2 (a); 3 (b).

3. Para investidores e analistas, o fluxo de caixa livre é importante porque:

A) indica o caixa que é "livre" de juros para a empresa.

B) é o dinheiro que pode ser usado para pagar dividendos a acionistas.

C) indica o caixa operacional que ingressou na empresa no exercício corrente.

D) é o aporte que investidores fizeram à empresa.

- -

Você sabe o significado destes conceitos utilizados em finanças?

1. EBIT.
2. EBITDA.
3. EVA.
4. Investimentos.
5. LO.
6. MC.
7. MVA.
8. NOPLAT.
9. ROA.
10. ROE.
11. ROI.

- -

Confira suas respostas:

1. **EBIT:** ***earnings before interest and taxes*** é o lucro antes dos juros e do imposto de renda, ou seja, o lucro operacional gerado pela empresa antes da tributação e dos juros.

2. **EBITDA:** ***earnings before interest and taxes, depreciations/ depletion and amortization*** é o lucro antes dos juros, do imposto

de renda, das despesas de depreciações, exaustões e amortizações. É considerada uma medida de lucro globalizada.

3. **EVA: *economic value added*,** ou valor econômico agregado. É uma medida de lucro que indica o crescimento da riqueza da empresa. Pode ser apurado de duas formas: (1) contábil: lucro líquido menos a remuneração do capital próprio — patrimônio líquido *Ke, ou (2) financeira: lucro operacional — (investimentos * WACC). Intuitivamente, é relacionado com medidas como, por exemplo, o cálculo do NPV.

4. **Investimentos:** é o montante dos investimentos operacionais da empresa que está gerando o respectivo lucro operacional. Difere do total do ativo, pois sofre alguns ajustes, como exclusão de itens alheios aos negócios/projetos, redução do passivo não oneroso (tanto do passivo como do ativo) e avaliação dos bens a valor de mercado.

5. **LO: lucro operacional** é o lucro proposto para efeito de análises financeiras e representa o potencial da empresa de gerar resultados, líquido do imposto de renda e antes da remuneração dos financiamentos próprio e de terceiros. Em consonância com o termo em inglês *net operating profit less adjusted taxes* (NOPLAT).

6. **MC: margem de contribuição** é a receita deduzida dos custos e despesas de comportamentos variáveis, ou seja, a receita deduzida do valor que pertence a outros — fornecedores e governo. É a verdadeira e única parcela da empresa, e por isso deve ser tratada com especial atenção quanto ao método de custeio utilizado. É o indicador que melhor avalia a performance dos produtos, superando até mesmo os indicadores de lucro que incluem distribuições não científicas de custos fixos responsabilizadas aos produtos.

7. **MVA: *market value added*,** também conhecido como ***goodwill***, ou valor de mercado agregado. Representa o valor da empresa e pode ser calculado de diversas formas, incluindo o uso do valor presente líquido (NPV) dos fluxos de caixas futuros, descontados a uma taxa específica (WACC).

8. **NOPLAT: *net operating profit less adjusted taxes*** é o conceito genuíno de lucro operacional, representando o resultado de uma empresa sem o efeito das despesas financeiras e deduzido pelo

imposto de renda proporcional. É equivalente ao valor obtido pela multiplicação do *earnings before interest and taxes* (EBIT) pela expressão (1 – alíquota de imposto de renda).

9. **ROA:** ***return on assets***, ou taxa de retorno sobre o ativo total. Difere do cálculo do ROI porque utiliza como denominador o total do ativo, em vez do montante corrente de investimentos (total do ativo ajustado).

10. **ROE:** ***return on equity***, ou taxa de retorno sobre o capital próprio. Representa o ganho do acionista e é apurado pela fórmula: ROE = (lucro líquido)/(patrimônio líquido).

11. **ROI**: ***return on investment***, representa a taxa de retorno da empresa, a sua capacidade de gerar resultados independentemente das decisões de financiamento, e é obtido por meio da razão entre o lucro operacional (LO) e o montante dos investimentos.

Concluindo, os resultados financeiros da sua empresa são satisfatórios?

A seguir, vamos destacar a importância da análise e do papel do profissional conhecido como "analista de inteligência".

O que esperar da análise empresarial e de seu analista

É muito importante ressaltar que a análise empresarial competitiva observa e monitora o ambiente externo, e, assim, possibilita que a empresa possa competir e agregar valor a clientes, consumidores, colaboradores, acionistas, fornecedores e comunidades onde atua, entre outros públicos-alvo.

Portanto, seja o profissional um analista de inteligência competitiva, inteligência de mercado, inteligência comercial, inteligência de negócios ou um de marketing, produtos, comunicação, finanças etc., uma boa análise, independente dos modelos analíticos utilizados, deve apresentar para os dirigentes da empresa os seguintes elementos:

- alertas antecipados sobre oportunidades potencialmente em desenvolvimento ou ameaças emergentes no ambiente competitivo (de negócios);

- uma avaliação objetiva e abrangente da posição competitiva relativa da sua organização, frente às concorrentes;
- a capacidade de ajudar sua organização a se adaptar mais rápida e facilmente às mudanças no ambiente, seja por queda na taxa de juros, maior disponibilidade de crédito, efeitos da reforma tributária etc.;
- os fundamentos/as análises que irão sustentar os planos estratégicos, de marketing, de vendas ou de produtos da sua organização, com informações relevantes e oportunas.

Para pensar

A análise de vendas, participação de mercado despesas de marketing em relação às vendas e financeira, bem como o controle de lucratividade que mensura e controla a rentabilidade de produtos, territórios, grupos de clientes, canais de distribuição e o volume de produtos, são fundamentais no controle do plano de marketing para que as empresas obtenham resultados, segundo Kotler e Keller (2018).

Em síntese, o objetivo principal das análises empresariais é compreender melhor o setor econômico em que a empresa atua, o ambiente competitivo e de negócios, para melhorar e fundamentar a tomada de decisão dos gestores da organização com menores riscos.

A comunicação das análises – inteligência aplicada

Apresentar resultados de análises múltiplas em tempo hábil para a tomada de decisão da diretoria requer agilidade e, acima de tudo, clareza no que está sendo comunicado, para evitar interpretações equivocadas.

Existem várias possibilidades para apresentar resultados de análises — portanto, do ambiente externo —, mas é necessário conhecer a audiência, ou seja, a quem será apresentado o trabalho, para avaliar se é melhor uma planilha ou uma apresentação com apoio visual, por exemplo. Entre elas, estão:

- Apresentações um a um.
- Relatórios escritos ou briefings objetivos (1 página).
- Apresentações formais para grupos maiores, em que são ressaltados, para serem visualizados por todos, os números que estão sendo mostrados e comunicados, assim como os fundamentos que os acompanham.
- E-mails ou mensagens instantâneas para mensagens curtas e com maior urgência.
- Soluções, sistemas e plataformas baseadas na web.

"Nunca fiz um PowerPoint", diz Ram Charan[10]

No auge dos seus 84 anos, Ram Charan continua sendo sucinto e direto em suas recomendações para líderes: "Retire a desordem, o ruído. Os trabalhadores precisam é da verdade".

Primeiro indiano a lecionar na Universidade de Harvard, Charan foi conselheiro pessoal do lendário CEO da GE, Jack Welch. É autor de trinta e cinco livros, traduzidos para dezenas de idiomas e com mais de 4 milhões de cópias vendidas. É dele o best-seller *Pipeline da liderança* [Alta Books, 2018], obra que em breve terá uma terceira edição. Seu último livro, em coautoria com Geri Willigan e lançado no final de 2022, é *Leading Through Inflation*, onde escreve sobre como liderar em crises econômicas.

Em visita ao Brasil em 2023, Ram Charan concedeu uma entrevista ao *Valor Econômico*. Nela falou sobre os desafios de lidar com as novas gerações e tecnologias e disse que nunca fez um PowerPoint na vida, "nem para o sr. Gates", e que, para os líderes, mais do que saber usar a tecnologia é preciso saber — e muito bem — se ela criará valor.

Destacamos aqui duas questões.

> ***Valor Econômico*:** Como os líderes podem melhorar a habilidade de ler cenários em mercados cada vez mais complexos?

---

[10] CAMPOS, Stela. "'Nunca fiz um PowerPoint', diz o guru Ram Charan". *Valor Econômico*, 24 ago. 2023. Disponível em: https://valor.globo.com/carreira/noticia/2023/08/24/nunca-fiz-um-powerpoint-diz-o-guru-ram-charan.ghtml. Acesso em: 18 nov. 2023.

Charan: A maneira mais simples é observar o cliente, observar o seu consumidor. É muito concreto. Eles veem o que precisam, o que para eles não importa, e qual será o seu pagamento.

Em segundo lugar, observe a mudança de tecnologia. Está aí o OpenAI [laboratório de pesquisa de inteligência artificial norte-americano que desenvolveu o ChatGPT]. Aprenda sobre isso, o que você pode fazer, onde você está? Já digitalizou a sua empresa? Por que não? O que você precisa fazer? Entenda o que irá criar novas oportunidades ou ameaçar o seu negócio.

***Valor*:** O senhor gosta de experimentar novas tecnologias? Já usou o ChatGPT?

Charan: Eu nunca fiz um PowerPoint, nem mesmo para uma apresentação para o sr. Gates. Não há necessidade de eu aprender. Eu digo a você o que as pessoas de tecnologia devem fazer. **Preciso saber o que isso pode fazer, como devemos usar. Vai criar valor? Isso é o que devo saber — e muito bem**.

Vale reforçar que o mais importante para uma apresentação de análise de dados é o conteúdo claro e objetivo, que gere compreensão, e o entendimento da audiência, ou seja, que os profissionais da empresa saibam "como usar as análises", conforme disse Charan.

Resumo/Principais lições da parte III

Nesta parte, ressaltamos que, em tempos de incertezas, melhores análises de dados e informações geram melhores resultados. E começar pelas perguntas para melhor fundamentar estratégias é um bom ponto de partida, como nas dezessete questões propostas por Michael L. Dertouzos.

Em seguida, apresentamos um paralelo com os vendedores de rua que precisam decidir diariamente o que vender, a quantidade de produto a comprar, onde vender e quanto ganharão, ou seja, sua margem de lucro.

Também evidenciamos, através de um estudo de caso, que cada vez mais se faz necessário conhecer o Brasil e suas diferenças em termos de regiões, cultura, consumo e renda.

Assim, foi mostrado o quadro com questões sobre mercado, o composto de marketing ou composto de mercado, para que você pudesse pensar a empresa em que trabalha.

Ali, reiteramos os fundamentos de um negócio: fluxo de caixa, margens e giro, retorno sobre investimento, crescimento e clientes. Afinal, sem clientes, não existe empresa.

Uma análise importante é comparar esses fundamentos com os das principais empresas concorrentes.

Ao avançar, apresentamos a Matriz P@ssos, para exercitar uma análise sobre estratégia empresarial, estrutura, pessoas, cultura organizacional e números em sua empresa, e mais modelos analíticos, como o VRIO (Valor, Raridade, Imitabilidade e Organização). Depois, detalhamos a nomenclatura de alguns conceitos utilizados em finanças.

Ao falarmos sobre o que esperar da análise empresarial ou de seus analistas, ressaltamos a importância dos "alertas antecipados", ou seja, de ter um olhar atento às oportunidades e ameaças do mercado, e divulgá-las na empresa para que ações possam ser tomadas antes que potenciais acontecimentos adversos impactem negativamente a organização.

Parte IV

O impacto social dos dados

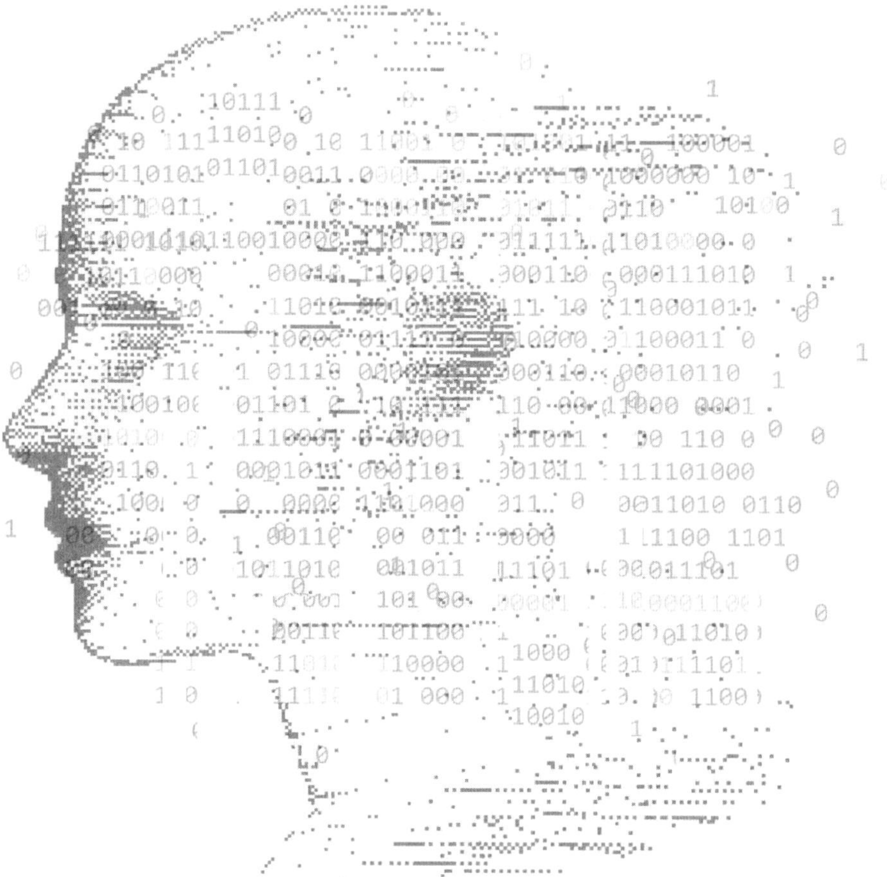

Os caminhos da Inteligência dos Dados ESG

Uma vez que assimilamos a importância dos dados no século XXI e seu impacto no processo de tomada de decisão no ambiente dos negócios, daremos um passo à frente para avaliar o impacto dessa transição na sociedade como um todo.

Já dissemos que a popularização da internet através dos equipamentos móveis (celulares, tablets) acelerou a geração de dados e deu origem ao que denominamos Big Data. Mas esse movimento deu origem a vários novos comportamentos sociais ao redor do planeta.

As redes sociais são um desses novos instrumentos de comunicação social que permitem que pessoas de todas as partes do mundo se comuniquem e interajam simultaneamente, como se realmente não houvesse fronteiras.

Essa forma de comunicação, através da internet e de aplicativos disponíveis em equipamentos móveis, acelerou a integração de redes de telecomunicações (4G ou quarta geração), que não transmitiam apenas voz, mas também dados e imagem.

Foi dada a largada para o fim da telefonia fixa e a abertura para o comércio eletrônico móvel.

A possibilidade de transmitir mensagens instantâneas aos consumidores finais para ofertar descontos e vantagens momentâneas, quando eles se aproximam das lojas, foi o primeiro passo na utilização das técnicas de geoposicionamento, agora viáveis através dos equipamentos móveis.

Se os aparelhos celulares inteligentes (smartphones) foram os precursores do uso dessas técnicas de captura de dados e geração de comunicação personalizada e instantânea, a seguir viriam os IoTs (*Internet Of Things*), sensores com a capacidade de enviar dados de localização, temperatura, desgaste e outras informações, que nos permitem extrair insights preciosos para a gestão remota de equipamentos e a localização de pessoas.

A transmissão de imagem em redes digitais também abriu espaço para o monitoramento visual em tempo real. Câmeras espalhadas pelas cidades permitem acompanhar o tráfego de automóveis e a violência urbana, entre outras atividades.

A coleta de dados através dos equipamentos inteligentes (IoTs) se popularizou; eles estão presentes em eletrodomésticos como geladeiras, TVs e lâmpadas, possibilitando o acionamento remoto desses itens pelo telefone celular. E, através dos relógios inteligentes (smartwatches), pode-se monitorar batimento cardíaco, pressão arterial e outros aspectos da saúde humana.

A tecnologia digital está cada vez mais presente nas atividades cotidianas da vida humana, em todos os momentos. Com isso, os avanços tecnológicos geram impacto no comportamento social, propiciando não somente novos modelos de negócios, como o comércio eletrônico (*e-commerce*), o ensino à distância (*e-learning*) e as plataformas de serviços de software (Software as a Service), mas também novos meios de pagamento, como as criptomoedas (moedas digitais) e os pagamentos por código (QR Code), através do celular (*contactless*) ou instantâneos (PIX, no Brasil).

O trabalho remoto (home office) possibilita que empresas contratem profissionais de qualquer parte do mundo para fazer parte de suas equipes. Não importa onde você esteja; tudo o que precisa é de acesso à rede, um computador e energia, e pronto.

Computadores portáteis (notebooks, tablets), ou telefones inteligentes (smartphones), permitem desenvolver uma enorme gama de atividades. O aparelho celular, que inicialmente tinha a única função de ser um canal de voz, hoje é um meio de pagamento, produz vídeos e fotos, transmite mensagens, aciona o carro, abre as portas de casa, mostra o caminho, dá sugestões de filmes, organiza reuniões e ainda funciona como canal de voz.

Com todas essas facilidades tecnológicas, surge o conceito de cidades inteligentes.

Em 2017, no Fórum Econômico Mundial, o então primeiro-ministro do Japão, Shinzo Abe, disse: "Estamos no início da quinta era da história da humanidade. Depois da Indústria 4.0, virá a Sociedade 5.0, em que tudo estará interligado."

Com esta fala, o Japão anunciava um plano arrojado de construção do que se chamaria "Sociedade 5.0", também conhecida como "Super-Smart Society" (em português, "sociedade superinteligente").

A essência desse projeto é a criação de um sistema socioeconômico impulsionado pela tecnologia alimentada por inteligência artificial (IA), Internet das Coisas (IoT) e robótica, bem como análise de grandes volumes de dados (Big Data e *analytics*).

Essas tecnologias, incorporadas em todos os aspectos da vida social, têm o intuito de lidar com problemas sociais e aumentar a produtividade, apoiando o bem-estar do ser humano. Convertendo fortemente o espaço físico e cibernético em um "sistema ciberfísico" (CPS), torna-se uma sociedade totalmente transformada em tecnologia e interconectada, para superar seus atuais desafios socioambientais.

A nomenclatura "Sociedade 5.0" tem origem na ideia de que, historicamente, a humanidade iniciou sua jornada social da seguinte forma:

- sociedade 1.0 (caçadora-coletora);
- sociedade 2.0 (agrícola);
- sociedade 3.0 (industrial);
- sociedade 4.0 (informacional).

A transição da Sociedade 4.0 (informações) para a Sociedade 5.0 é uma mudança fundamental de nosso mundo econômico em direção a um novo paradigma. E mais: na Sociedade 5.0, o conceito é mais abrangente, pois prevê uma transformação completa do nosso modo de vida.

O que isso significa, exatamente? Por exemplo, na Sociedade 5.0, qualquer produto ou serviço será entregue às pessoas de maneira ideal e adaptada às suas necessidades, ou seja, haverá personalização total de acordo com a análise dos dados do seu perfil (*analytics behavior*).

Simultaneamente, a Sociedade 5.0 ajudará a superar desafios sociais crônicos, como o envelhecimento da população, a polarização social, o despovoamento e as restrições relacionadas à energia e ao meio ambiente.

Você deve estar se perguntando como isso é possível. Na Sociedade 5.0, veículos autônomos e drones levam bens e serviços para pessoas em áreas despovoadas. Clientes escolhem o tamanho, a cor e o tecido de suas roupas on-line, diretamente da fábrica de roupas, antes de serem entregues por drone. Um médico realiza consultas com seus pacientes do conforto de sua própria casa, por meio de um tablet especial, e, enquanto os examina à distância, um robô aspira o carpete. Em uma casa de repouso, outro robô ajuda a cuidar dos idosos, e, na cozinha, a geladeira monitora a condição dos alimentos estocados para reduzir o desperdício.

A cidade é alimentada por energia fornecida de formas flexíveis e descentralizadas, para atender às necessidades específicas dos habitantes. Nos arredores, tratores autônomos trabalham nos campos enquanto, no centro, sistemas ciberfísicos avançados mantêm infraestrutura vital e estão à disposição para substituir técnicos e artesãos aposentados, caso não haja jovens suficientes para preencher as vagas.

Como podem ver, muito do que se planejava para a Sociedade 5.0 em 2017 se tornou realidade em 2020, com a crise sanitária mundial.

A telemedicina se proliferou, os carros autônomos e elétricos ganharam as ruas de diversos países, as vendas através de canais digitais triplicaram e as entregas através de drones se popularizaram em diversos países.

O que era um plano estratégico de uma nação virou solução global imediata para enfrentar um inimigo invisível e imprevisível em 2020.

Em linha com os planos de uma sociedade inovadora e interconectada, que utiliza a tecnologia centrada no bem-estar humano, a ONU criou uma coleção de dezessete metas globais que fazem parte da Resolução 70/1 da Assembleia Geral das Nações Unidas, "Transformando o nosso mundo: a Agenda 2030 para o Desenvolvimento Sustentável", também denominada ODS — Objetivos para o Desenvolvimento Sustentável. As metas são amplas e interdependentes, mas cada uma tem uma lista específica de metas a serem alcançadas. São dezessete objetivos que abrangem questões de desenvolvimento social e econômico, incluindo pobreza, fome, saúde, educação, aquecimento global, igualdade de gênero, água, saneamento, energia, urbanização, meio ambiente e justiça social.

O nono objetivo — indústria, inovação e infraestrutura — tem como foco a elaboração de uma infraestrutura resiliente, que promova a industrialização inclusiva e sustentável e fomente a inovação. Esse objetivo está diretamente ligado aos planos de desenvolvimento da Sociedade 5.0.

Os objetivos são claros; porém, os desafios vão muito além do investimento financeiro. O Japão, precursor da ideia, estimava, em 2016, um investimento de US$87 bilhões somente em robótica, e mais US$6 bilhões em Internet das Coisas (IoT).

E quais seriam os outros desafios? As maiores dificuldades não são tecnológicas, pois estas já existem, e diversas delas já são utilizadas em nosso cotidiano.

Os desafios culturais, por exemplo. Ainda vivemos em uma sociedade fortemente individualista. Isso limita muito o pensamento colaborativo característico da Sociedade 5.0 e, consequentemente, o desenvolvimento de soluções que possam trazer benefícios reais em diversos setores.

Grande parte das empresas segue com foco nos lucros, ignorando os fatores sociais. No entanto, essa visão aos poucos tende a se modificar, haja vista que os consumidores têm constantemente punido empresas que não se preocupam com danos ambientais ou que se envolvem em escândalos de corrupção, maltratam animais, entre outros comportamentos pouco louváveis.

Nesse processo evolutivo, o papel dos governos é fundamental, aprimorando a gestão pública, investindo na integração das tecnologias e criando leis que deem suporte para uma transição mais segura.

No Brasil, desde 2017, algumas ações foram tomadas na direção da digitalização de serviços públicos, como a criação de uma plataforma única de diversos serviços digitais e a criação de leis relativas ao uso de tecnologias, tais como o Marco Civil da Internet, a Lei Geral de Proteção de Dados e um Plano Estratégico de Inteligência Artificial.

Por outro lado, o processo evolutivo para a Sociedade 5.0, totalmente orientada aos dados, traz um desafio mais obscuro. Uma vez que as máquinas são programadas por seres humanos e alimentadas com grandes quantidades de dados e textos relativos ao conhecimento que produzimos, as inteligências artificiais aprendem por meio de nuances da nossa linguagem. Com isso, as máquinas inteligentes podem maximizar as desigualdades sociais, como o machismo e o racismo reproduzidos ao longo da história da humanidade.

Sem o devido tratamento dos dados, as tecnologias acabarão reproduzindo e reforçando problemas sociais graves. Por isso, a preocupação de garantir processos claros e transparentes de tratamento de dados, que atenuem o viés desses sistemas, deve ser prioritário e um dos princípios do trabalho com inteligência artificial.

Sendo assim, o uso ético da inteligência artificial é um novo desafio, pois o conceito de ética é algo volátil nas diferentes culturas sociais. Como criar instrumentos que possam regular algo tão etéreo sem incorrer em injustiças? Além disso, criar limites à aplicação das novas tecnologias não seria uma forma de interromper o ciclo de inovação? E os desafios dessa nova sociedade, superinteligente e conectada, não param por aí.

Todas as tecnologias utilizadas para o ambiente das cidades inteligentes (IoTs, inteligência artificial, carros autônomos, robôs etc.) demandam muita energia para funcionar. E, como vimos, a Sociedade 5.0 está diretamente ligada aos Objetivos de Desenvolvimento Sustentável, que têm na sustentabilidade um dos seus pilares.

Por isso, os investimentos em geração de energia limpa e renovável, como a eólica e a solar, são fundamentais para tornar viável essa nova sociedade.

Outro ponto ligado à sustentabilidade é o tratamento de água e o saneamento básico. Nessa área, as tecnologias para chegar à universalização do saneamento e melhorar as condições de atendimento dos serviços nas cidades são o Big Data e as ferramentas de *machine learning*, que podem prever o comportamento dos sistemas e assim, proativamente, preparar-se para o atendimento das demandas, evitando transtornos para a população e melhorando a eficiência da gestão das operações.

No que diz respeito à coleta e ao tratamento de esgoto, em alguns países, a análise de dados também é utilizada para prever lançamentos irregulares, como de indústrias e comércios, evitando a sobrecarga nas estações de tratamento e preservando o meio ambiente de lançamentos fora dos padrões aceitáveis, contribuindo para a despoluição de rios e mares.

No entanto, para aplicar essas soluções, é preciso ter toda a infraestrutura mapeada e referenciada. No Brasil, por exemplo, levará algum tempo resolver a falta de saneamento. De modo geral, o país ainda está muito longe do básico no que diz respeito a novas tecnologias na área.

Outro instrumento que permeia todas as soluções tecnológicas da Sociedade 5.0 é a conectividade entre equipamentos e pessoas. A conectividade como direito universal é um fator fundamental para que haja uma evolução igualitária da sociedade. As distinções sociais entre países desenvolvidos e em desenvolvimento só poderão ser dirimidas caso todos possam ter acesso às novas tecnologias de forma igualitária.

Praticamente todas as atividades relacionadas ao armazenamento e à análise de dados só ganharam velocidade e capacidade de integração com o investimento em soluções de gerenciamento de dados, através da computação em nuvem (*cloud services*) e dos sistemas de gestão (ERPs) que permitem que se tenha acesso rápido e remoto a informações.

Em uma sociedade onde as pessoas estão cada vez mais conectadas, resolvendo seus assuntos por meio de plataformas e aplicativos instalados em dispositivos móveis, é fundamental que estes estejam disponíveis sem falhas ou longas interrupções.

Assim, fica claro que o conceito de Sociedade 5.0 tem por objetivo melhorar a qualidade de vida das pessoas por meio de soluções tecnológicas inteligentes.

Os dados são o alimento das novas tecnologias, e tudo gira em torno deles. As ferramentas visam resolver problemas em diferentes áreas, como saúde, educação, infraestrutura e transporte, entre outros.

Além do Japão, vários países tomaram iniciativas na direção da digitalização dos serviços públicos, algo que é monitorado e incentivado pelos organismos internacionais como a Organização para Cooperação de Desenvolvimento Econômico (OCDE), que criou um indicador de transformação digital.

No relatório de 2019, o Brasil aparecia na 16ª posição no Ranking Geral do Índice de Governo Digital. A Coreia do Sul, líder no ranking de Governos Digitais, também é um dos países com a estratégia de investimentos em inteligência artificial mais completa e abrangente.

No que tange à aplicação da inteligência artificial nos serviços públicos e seus impactos na sociedade, existe uma disputa acirrada entre as grandes potências mundiais, como China, Estados Unidos e União Europeia.

Em uma sociedade cada vez mais conectada e orientada a dados, as instituições de direito se veem diante do desafio de mitigar os impactos dessa transformação nos diferentes aspectos sociais.

Do ponto de vista dos negócios internacionais, a competitividade gerada pela globalização no final do século XX foi multiplicada exponencialmente a partir da transformação digital da sociedade. O impacto nas políticas públicas, como geração de empregos, educação e economia internacional, são sem precedentes.

Atualmente, empresas e países não concorrem apenas com competidores regionais; qualquer um, em qualquer parte do mundo, pode ofertar e entregar produtos e serviços em tempo real.

Tecnologias como a impressão 3D permitem que o cliente solicite um produto e o fornecedor disponibilize a peça impressa para qualquer lugar do mundo — ou que se produza fora dele, como vem ocorrendo desde 2014, quando a primeira impressora 3D foi enviada pela NASA para a Estação Espacial Internacional, permitindo que os astronautas imprimam as ferramentas que utilizam em suas explorações no espaço.

Por essa razão, os mercados se tornaram um único ambiente onde todos competem de forma nem sempre igualitária. O mercado financeiro de uma década atrás não imaginava ter como principal concorrente pequenas empresas de tecnologia (as *fintechs*). Assim como nos demais setores da economia, onde empresas 100% digitais, baseadas em dados e análises com modelos estatísticos, denominadas startups, estão crescendo e se multiplicando incansavelmente.

Hoje as "techs", sufixo oriundo do inglês para denominar "tecnologia", estão presentes nos setores financeiro (*fintechs*), segurador (*insurtechs*), de educação (*edutechs*), agronegócio (*agrotechs*), saúde (*healthtechs*), direito (*lawtechs*), construção civil (*construtechs*) e políticas públicas (*govtechs*), entre outros.

Com isso, por um lado, vemos números alarmantes de desemprego, já que funções anteriormente desenvolvidas por pessoas com nível de escolaridade inferior a dez anos de estudos desaparecerem. Por outro, uma demanda crescente por profissionais altamente qualificados em ciências exatas gera vagas de trabalho que levam mais de seis meses para serem preenchidas, com uma corrida por recém-formados em áreas relacionadas à tecnologia da informação.

No Fórum Econômico Mundial de 2020 (WEFORUM), retratou-se o tema "Trabalho do Futuro" como o "Trabalho de Agora", pois a crise sanitária global antecipou o que estava previsto para 2025, começando em 2020. O relatório "The Future of Jobs 2020" resume essa narrativa, apontando que a Covid-19 fez com que o mercado de trabalho mudasse mais rápido do que o esperado.

A previsão de que a automação em 2025 proporcionaria uma nova divisão do trabalho entre humanos e máquinas, impactando 85 milhões de empregos em todo o mundo, em empresas de médio e grande porte, em 15 setores e 26 economias, certamente foi antecipada para 2022.

Funções em áreas como entrada de dados, contabilidade e suporte administrativo reduzem a demanda com o aumento da automação e da digitalização no ambiente de trabalho. Segundo o relatório, cerca de 80% dos executivos estão agilizando os planos para digitalizar processos de trabalho e implantar novas tecnologias. Outros 50% dos empregadores esperam intensificar a automação de algumas funções nas empresas. Em contraste com anos anteriores, a criação de empregos desacelerou, enquanto a redução de empregos está acelerando.

O mesmo estudo aponta, ainda, que a economia e os mercados de trabalho evoluíram com novas oportunidades e papéis emergentes nas indústrias de tecnologia, como nos campos da inteligência artificial, de desenvolvimento de conteúdo, saúde etc. Porém, as tarefas em que os humanos devem manter suas vantagens comparativas são aquelas que exigem maior qualificação, tais como:

- gestão;
- mentoria;
- tomada de decisão;
- raciocínio lógico;

- comunicação e interação.

Com isso, a demanda pela requalificação da força de trabalho se fará urgente em todos os países nos próximos anos, e um plano estratégico e de ação na área de inteligência artificial torna-se fator de sobrevivência das principais economias do mundo. Os indicadores ESGs, atrelados ao cumprimento dos Objetivos de Desenvolvimento Sustentável globais, exigem cada vez mais de países e empresas privadas o cuidado com o impacto de suas operações e decisões no meio ambiente e na vida das pessoas. Não se trata mais de dizer-se sustentável, mas de provar com ações práticas e mensuráveis o que se está fazendo em relação a esses temas.

Quem não investir em educação e na requalificação da mão de obra não sobreviverá na economia do século XXI.

A importância da conectividade

A Sociedade 5.0 não depende apenas de dados; os dados dependem de outra tecnologia para chegarem às mãos de quem poderá lapidá-los e torná-los insights poderosos: precisamos de redes de conexão! Se a conexão cai a toda hora, congela, trava, fica quase impossível de trabalhar. Se a região não tem sinal de Wi-Fi,[1] torna-se realmente impossível. Alguns diriam que se torna impossível até mesmo sobreviver!

Se nos grandes centros as pessoas se acostumaram a pedir a senha do Wi-Fi para seguir o tempo todo conectadas a um baixo custo ou sem custo, há áreas em diversos países que não têm nenhum tipo de conectividade, e isso é um grande problema para essas regiões.

Em um webnário promovido pela Organização para a Cooperação e Desenvolvimento Econômico (OCDE) em 2021, o Brasil ocupava a quinta posição no ranking de países em população online. Também acumulava o terceiro lugar no mundo quanto ao uso diário de internet.

Segundo relatório do Sindicato Nacional das Empresas de Telefonia e de Serviço Móvel Celular e Pessoal (SindiTelebrasil), em julho de 2021, dos 5.570 municípios do Brasil, 4.997 estavam cobertos por redes 4G. A região atendida pelas antenas corresponde a uma área onde vivem 97,5% da população brasileira.

---

1 Conexão sem fio entre computadores e equipamentos utilizando protocolo de comunicação padrão IEEE 802.11.

Apesar dos números muito promissores, durante a crise sanitária global, diversos alunos não conseguiram seguir as aulas remotas, mesmo aqueles que viviam em grandes centros urbanos, devido à ausência de sinal de internet.

O Brasil é um país de dimensões continentais, e desigualdades continentais também. As regiões mais carentes, onde se localizam as "comunidades", usualmente são regiões com alto índice de violência, e, consequentemente, a instalação de antenas de telefonia móvel são raras.

Nesse caso, podemos ver um problema circular contínuo: devido à violência urbana, os habitantes dessas regiões não recebem investimentos que permitam melhorar sua qualidade de vida, e, devido à baixa qualidade de vida acabam seguindo o caminho da violência. Entra-se, assim, em um círculo vicioso.

Quando o ser humano vive em habitações sub-humanas e sem acesso à educação e a trabalho qualificado, as chances de elevação social são ínfimas. Em um mundo conectado e digital que exige cada vez mais capacitação técnica, essas pessoas estão mais do que nunca em situação de alto risco.

Por isso, dentro dos planos estratégicos das grandes potências mundiais, a universalização do direito à conectividade se tornou prioritário. Assim como o saneamento básico é um direito universal, a conectividade também o será, pois ambos são fundamentais para garantir a vida digna do cidadão do século XXI.

O site especializado em telecomunicações *Open Signal* publicou, em outubro de 2020, uma pesquisa que já demonstrava o crescimento da tecnologia de conexão de dados ultrarrápida em vários países do mundo.

Em 2020, um bilhão de pessoas, ou 15% da população mundial, vivia em áreas com cobertura 5G. Usuários na Austrália, na Alemanha, no Japão, na Arábia Saudita, no Reino Unido e nos Estados Unidos consumiam mais dados em 5G do que em 4G, segundo a pesquisa. Na Coreia do Sul, onde o 5G tinha maior cobertura, os usuários consumiam em média 38,1 GB de dados móveis, enquanto a média nos outros países era de 15 GB.

À época da escrita deste livro, o então ministro das Comunicações Fábio Faria planejava o primeiro leilão das frequências 5G no segundo semestre de 2021, quando o Brasil tinha 18% da população sem acesso à internet.

O plano era que o 5G atendesse às 140 mil escolas urbanas do país (100%). As escolas rurais sem conexão com a internet somavam 30 mil, e o objetivo era conectar ao 5G todas as escolas rurais em localidades com 600 habitantes ou mais. As demais localidades, com menos de 600 pessoas, seriam atendidas pela internet via satélite, do programa Wi-Fi Brasil. A meta era terminar a conexão de escolas pelo Wi-Fi Brasil até 2022.

A conectividade nas cidades remotas, com qualidade e alta velocidade para o tráfego de dados, viabiliza todas as estratégias da sociedade "superinteligente", conectando pessoas e equipamentos para uma gestão pública mais assertiva e direcionada ao bem-estar do cidadão.

Por isso China e Estados Unidos se enfrentam em uma guerra comercial incansável pelo padrão de conectividade de alta disponibilidade 5G. Essa disputa vai muito além das diferenças ideológicas entre os dois países; está centrada no futuro econômico de quem deterá o coração da nova sociedade, já que tudo dependerá da conectividade das "coisas" e "pessoas".

Computação em nuvem e computação de borda

Nos capítulos anteriores, mencionamos, algumas vezes, a computação em nuvem (*cloud computing*). Certamente, mesmo aqueles que não atuam diretamente na área de tecnologia já ouviram falar do conceito, haja vista que praticamente 100% da população brasileira possui telefones celulares e já ouviu alguém recomendar: "Guarde suas fotos na 'nuvem'!".

Mesmo assim, vale a pena equalizarmos o conhecimento quanto ao que realmente significa computação em nuvem, ou *cloud computing*. A definição mais simples é que se trata de uma rede remota de armazenamento de dados, que podem ser acessados por meio de diferentes dispositivos.

Vamos utilizar o exemplo das fotos do celular. O seu celular é um dispositivo que acessa uma rede remota (*cloud computing*), onde os servidores do aplicativo do Dropbox ou Google Drive podem armazenar as suas fotos. Elas ficarão lá e não mais no espaço físico do seu celular, mas, através dele, poderá acessá-las quando quiser.

A primeira vantagem da computação em nuvem é que o usuário não necessita mais ter um equipamento potente, com grande capacidade de processamento e armazenamento, pois essas atividades ocorrem no ambiente da rede remota.

Para o ambiente corporativo, essa é uma grande vantagem em termos de economia, e garante que os avanços tecnológicos sejam acompanhados de forma mais rápida. Afinal, a atualização da capacidade dos servidores de armazenamento e processamento de dados estará a cargo de especialistas.

A empresa terá mais condições de focar nos desafios do seu mercado-alvo, sem precisar manter uma equipe ou equipamentos caros de alta tecnologia simultaneamente.

Contudo, até 2019, muitos setores da economia viam com desconfiança essa arquitetura, pois temiam o fato de que os dados estratégicos da empresa estivessem armazenados em um ambiente externo. A segurança de acesso a esses dados por um fornecedor externo não era vista com bons olhos por setores altamente regulados, como o financeiro, da saúde e gestão pública, entre outros.

Outro ponto positivo da computação em nuvem é a sustentabilidade. Uma empresa que faz uso da nuvem pode diminuir o consumo de energia em até 95%; afinal, a carga maior de processamento está nesse ambiente remoto.

Porém, o aumento desses centros de armazenamento de dados acaba por consumir mais energia. Espera-se que, até 2030, esses centros representem 8% do consumo de energia mundial, e dados de 2015 mostravam que o setor de informática era responsável por aproximadamente 2% de emissões globais de gases do efeito estufa.

As principais empresas provedoras desses serviços, entretanto, já indicam estar dispostas a adotar fontes de energia limpa (sem produção de CO^2). A Amazon planeja, até 2040, utilizar eletricidade totalmente livre de carbono. A Microsoft tem plano semelhante para 2030, e o Google atingiu a meta de zero emissão de carbono em 2018.

Dessa forma, a conectividade de alta velocidade, aliada aos centros remotos de processamento e armazenamento de dados, são fundamentais na transformação digital.

Agora que ficou claro o que são 5G e *cloud computing*, vamos dar mais um passo e entender o conceito de computação de borda, ou *edge computing*.

Segundo a consultoria Gartner, computação de borda é definida como "uma parte de uma topologia de computação distribuída, onde o processamento de informações está localizado próximo à borda, ou seja, onde as coisas e as pessoas produzem ou consomem essas informações".

A computação de borda surge para dar vazão aos dados gerados pelos equipamentos inteligentes (IoTs), tão importantes no processo de transformação da sociedade "superinteligente".

O foco é que esses equipamentos não apenas coletem e enviem dados para um centro de processamento remoto (*cloud computing*), mas possam processar e gerar respostas em tempo real.

A tecnologia 5G, com maior velocidade, permite essa nova arquitetura, que favorece o desenvolvimento de soluções de análises avançadas em tempo real (*real-time analytics*), com menor custo e maior rapidez de resposta.

Atualmente, soluções como Waze, Netflix ou Uber trafegam em tempo real, mas o processo se dá entre o seu equipamento celular e a rede remota (*cloud*). Com o *edge computing*, esse processamento será mais rápido, pois ocorrerá em um ponto bem próximo do seu aparelho.

Essa tecnologia permitirá que os carros autônomos operem com muito mais segurança, pois será possível que se conectem entre si e com os sinais de tráfego, por exemplo. Está diretamente ligada aos projetos que envolvem os equipamentos inteligentes (IoTs), garantindo um melhor gerenciamento de dados, já que reduz os fluxos de ida e vinda entre a borda e a nuvem, reduzindo assim os custos dessas soluções.

Como podemos notar, na sociedade superinteligente, o tráfego de dados e seu processamento são fundamentais para a tomada de decisão.

As tecnologias de que estamos falando aqui são a base de sustentação da cultura *data-driven*, ou "orientada a dados".

Quanto mais coletamos informações dos objetos que nos circundam nas atividades do cotidiano, como mobilidade (carros autônomos, transporte de cargas etc.), alimentação (tags, QR Code de produtos alimentícios), manutenção da saúde (smartwatches, smartphones etc.), mais conteúdo teremos para classificar e analisar, extraindo deles as necessidades da população de determinada região com maior assertividade.

Porém, essas técnicas devem prever também a segurança dos dados, bem como a confidencialidade de características específicas de cada um de nós. Os dados não podem servir para aumentar as idiossincrasias humanas. O objetivo não é maximizar o poder discriminatório que hoje pesa nas diferentes culturas mundo afora.

Por isso, alguns países e blocos, como a comunidade europeia, criaram as Leis de Proteção à Privacidade dos Dados. Na Europa, o General Data Protection Regulation (GDPR) entrou em vigor em 2018. No Brasil, a Lei Geral de Proteção de Dados (LGPD) foi criada em 2017 e entrou em vigor em 2021.

Ambas as leis surgiram com base nos seguintes princípios:

- Lealdade, imparcialidade e transparência.
- Limitação de propósito.
- Minimização de dados.
- Precisão.
- Limitação de armazenamento.
- Integridade e confidencialidade.
- Prestação de contas.

Em resposta a essas iniciativas, diversos países começaram a implementar suas regras de proteção de dados. A Conferência das Nações Unidas sobre Comércio e Desenvolvimento (UNCTAD)[2] elaborou um estudo mapeando os países com as regras mais rigorosas e as mais brandas.

Com isso, o poder público tenta administrar a coleta indiscriminada de dados e o uso invasivo dessas informações, que ferem os direitos à privacidade do cidadão. No Fórum Mundial em 2021, foram apresentados cinco impactos positivos do uso de dados e inteligência artificial que estamos vivenciando atualmente. Com a crescente adoção da IA, a tecnologia está abordando vários desafios globais:

1. **Contra a pesca ilegal**: a OceanMind é uma organização do Reino Unido que luta contra a pesca excessiva e a pesca ilegal emprega IA.
2. **Tráfego de pessoas**: a Global Emancipation Network [Rede de Emancipação Global] (GEN) uniu forças com a Accenture, Splunk (uma plataforma de análise de dados) e Grafana Labs (que desenvolve visualizações de dados fáceis de ler) para criar uma ferramenta de tráfego humano com IA. Chamada Artemis, ela coleta dados de fontes como licenças comerciais e registros públicos como padrões de crédito e críticas online, entre outros. Em seguida, identifica empresas e indivíduos e calcula qual teria maior probabilidade de se envolver no tráfego de pessoas. A Artemis envia então alertas para agências policiais, desencadeando mais investigações.

---

2 DATA Protection and Privacy Legislation Worldwide Disponível em: https://unctad.org/page/data-protection-and-privacy-legislation-worldwide Acesso em: 20 nov. 2023.

3. **Desigualdade de gênero na mídia**: uma gama mais equitativa de vozes e rostos na mídia só pode ser alcançada através de uma avaliação precisa de onde é necessário mudar. Essa é a visão da Ringier, conglomerado multimídia suíço, que está usando a IA para verificar o viés de gênero em suas publicações. A ferramenta desenvolvida é a Equalvoice, que analisa o equilíbrio entre homens e mulheres em artigos, recursos e clipes que aparecem nas marcas do grupo editorial.

4. **Ajudando a diagnosticar câncer**: menos de 20% das pessoas diagnosticadas com câncer do esôfago viverão além de cinco anos; é um dos seis cânceres com menos sobreviventes. Quando diagnosticado precocemente, o prognóstico é encorajador — pode ser tratado com sucesso em 90% desses casos. No entanto, é notoriamente difícil diagnosticá-lo cedo, o que agrava a baixa taxa de sobrevivência. Os médicos do Hospital da University College London (UCL), no Reino Unido, têm trabalhado com profissionais de tecnologia para desenvolver uma ferramenta que detecte precocemente os cânceres esofágicos. Chamada CADU e baseada em IA, ela analisa imagens do interior do esôfago de um paciente, capturadas com uma pequena câmera inserida em sua garganta por um médico. Cerca de 25% dos cânceres esofágicos não são detectados por diagnóstico tradicional, mas o CADU foi treinado com milhares de imagens de tecidos cancerosos e está sendo usado para detectar as mais sutis mudanças iniciais em tempo real, enquanto a câmera endoscópica está em uso.

5. **Rastreando e respondendo à Covid-19**: a IA Systems, bem antes do mundo perceber que estava no meio de uma pandemia, havia detectado, na China, o surto de uma nova doença semelhante à pneumonia, anteriormente desconhecida. Os sistemas de alerta precoce para doenças e infecções alimentados por IA coletam dados de sites de notícias e fontes de informação online para identificar padrões epidemiológicos. Podem acionar alertas e ajudar os serviços de saúde a se prepararem.

Resumo/Principais lições da Parte IV

Percorremos os desafios da transformação digital e da cultura orientada a dados, que impactam a sociedade como um todo.

Analisamos os investimentos estratégicos de alguns países no processo de transição da era da informação para era dos dados.

Discorremos sobre os impactos diretos dessa mudança no dia a dia das pessoas, no que tange à mobilidade, educação, cuidados com a saúde e trabalho.

Examinamos as tecnologias que suportam essas mudanças, como a conectividade, algo fundamental para que possamos aproveitar todas as vantagens da era digital.

Abordamos as características dos novos centros de armazenamento de dados remotos, conhecidos como *cloud computing*, bem como sua evolução, com o advento da tecnologia de redes 5G e a computação de borda (*edge computing*), que permitirão o processamento dos dados coletados pelos equipamentos inteligentes na ponta, reduzindo ainda mais o tempo de resposta a uma análise de dados precisa.

Também tocamos no assunto delicado da privacidade de dados, já que viveremos uma era totalmente baseada neles. Falamos aqui sobre os princípios de duas ações pioneiras sobre o tema, a GDPR europeia e a LGPD brasileira.

Em suma, a Sociedade 5.0 traz inúmeras possibilidades para o desenvolvimento sustentável e centrado no bem-estar humano. Ao mesmo tempo, apresenta desafios enormes tanto na preparação da força de trabalho para esse novo mundo quanto em relação à nossa segurança, especialmente quando lembramos que, como seres humanos, carregamos preconceitos e características nada admiráveis.

Se os dados utilizados para essas decisões tão velozes e de longo alcance são gerados por humanos e tratados por humanos, é fato que esses dados incorporam muito das nossas características.

Partindo desse princípio, podemos citar o filósofo Hobbes, que, entre os séculos XVI e XVII, defendia a tese de que **a natureza humana é má**. Segundo ele, nascemos maus e lutamos a vida toda tentando ser bons, mas é naturalmente fácil ser mau; ser bom é um sacrifício muito grande para o ser humano. Essa tese se encontra na obra *Leviatã*, inspirada na figura mitológica de um monstro marinho que simboliza o poder absoluto.

Se somos assim, como criar regras para que o nosso lado "monstro" não prevaleça sobre o nosso desejo de "sermos bons"?

Parte V

ESG Data Intelligence[1]

[1] AMCHAM. ESG: entenda o que é e os resultados que traz para a sua empresa. In: AMCHAM. São Paulo, 9 ago. 2021. Disponível em: www.amcham.com.br/noticias/sustentabilidade/esg-entenda-o-que-e-e-os-resultados-que-traz-para-a-sua-empresa. Acesso em: 19 set. 2023.

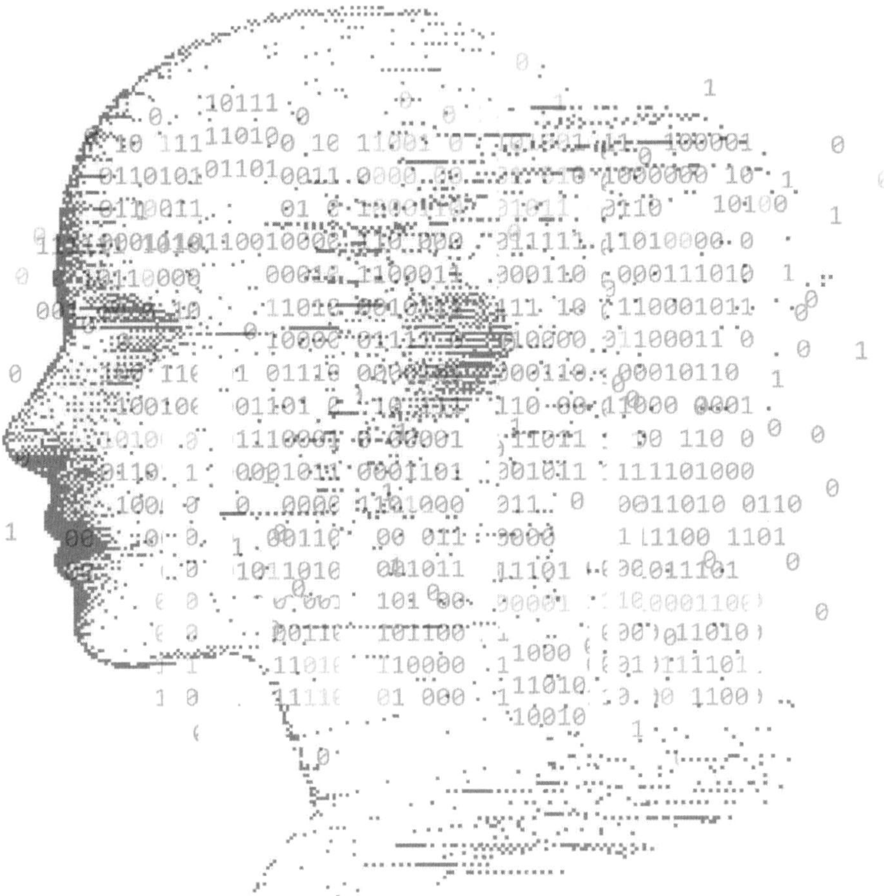

"Você não pode ter um bom amanhã se pensar sobre o ontem o tempo inteiro."

– Charles F. Kettering

ESG é a sigla em inglês para Environmental, Social and Governance [Ambiental, Social e Governança], ou seja, é o compromisso corporativo com boas práticas ambientais, sociais e de governança.

Essa sigla tem ganhado cada vez mais relevância global. Segundo o Google Trends, ferramenta do Google que monitora tendências de pesquisas, a sigla atingiu em 2021 seu nível mais alto de interesse em dezesseis anos.

A procura foi quatro vezes maior se comparada a 2020 e treze vezes maior em um comparativo com 2019. E, no mundo dos negócios, quando um tema ganha tanta relevância, é sinal de que o assunto significa maior potencial de ganhos financeiros.

Nesse sentido, torna-se altamente relevante compreender em profundidade o que a ESG traz em termos de resultados para as empresas, quais seus principais pilares e como as organizações podem se beneficiar dessa estratégia.

Ambiental

Este pilar indica quais ações da empresa estão voltadas a diminuir o impacto ambiental de suas operações, como questões relacionadas ao aquecimento global, redução da pegada de carbono e gestão de resíduos.

Vale lembrar que a agenda ESG garante maior longevidade para a empresa, não olhando apenas para métricas financeiras, mas também para questões ambientais e de matéria-prima.

Social

Abordando a parte social, é nesse aspecto que a empresa deixa claro como trata seus clientes, colaboradores, parceiros e fornecedores.

O pilar social se vale de políticas e relações dentro do ambiente de trabalho, boas práticas de proteção de dados, relações com a comunidade em geral, direitos humanos e práticas de diversidade e inclusão nas organizações.

Uma pesquisa realizada pela consultoria McKinsey indicou que empresas com equipes executivas diversificadas quanto ao gênero têm 14% mais chances de superar a performance de seus pares no setor, e empresas que são percebidas pelos funcionários como mais diversas em gênero têm 93% mais chances de superar o desempenho financeiro dos seus pares no setor.

Governança

No pilar de governança entram as melhores práticas no tocante à gestão corporativa. São tratados temas como: preservar a independência do conselho da organização — quando houver; promover e praticar a ética e a transparência nos negócios; garantir remuneração justa e racional; impedir casos de assédio, discriminação e preconceito; além de promover a diversidade no conselho, nas altas cúpulas da administração.

Resultados esperados com ESG

De acordo com a *Bloomberg*, empresa de tecnologia, dados e notícias para o mercado financeiro, fundos que adotavam uma estratégia baseada em uma agenda alinhada com ESG aumentaram sua rentabilidade em 32% em 2020.[2] Especialistas também afirmam que empresas focadas em ações de ESG são mais estáveis financeiramente, porque seus colaboradores são mais engajados, conforme a Amcham, uma entidade empresarial ligada ao comércio e investimentos entre Brasil e Estados Unidos.

A importância de ações e indicadores ESG – a tragédia do clima

As questões do clima podem mudar de continente para continente e de país para país. A temperatura pode aumentar ou diminuir, mas há um fato que já estamos vivendo: a tragédia do clima. Segundo matéria publicada pelo *G1* em 2023:

> Os britânicos viveram o verão mais quente dos últimos 139 anos. Na Indonésia, os incêndios destruíram florestas. A fumaça das queimadas no Canadá invadiu cidades americanas e europeias. A seca histórica obrigou o Panamá a restringir a circulação de navios no canal que liga os oceanos Pacífico e Atlântico.

---

2 KISHAN, S.; RATHI, A; SIMPSON, Y. "The ESG Mirage". *Bloomberg*. Disponível em: https://www.bloomberg.com/graphics/2021-what-is-esg-investing-msci-ratings-focus-on-corporate-bottom-line/. Acesso em: 10 mar. 2024.

> Enquanto uma parte do mundo enfrentava ondas de calor sem precedentes, outra sofria com enchentes e inundações. Foi assim no Vietnã, na Grécia e na Líbia.
>
> Aqui, no Brasil, o inverno também foi de extremos. Seca na região Norte, temperaturas acima da média em grande parte do Sudeste, ciclone e chuvas fortes no Sul.
>
> Desastres que já mataram milhares de pessoas em todo o mundo, e também trazem impactos financeiros. Nos Estados Unidos, a agência climática do país estima que os prejuízos provocados por eventos climáticos neste ano passam dos US$23 bilhões – R$112 bilhões.[3]

Especialistas afirmam que reverter esse cenário exigirá um esforço de toda a sociedade.

O município de Belém, no Pará, pode ser a segunda cidade mais quente do mundo até 2050[4]

Um estudo realizado pela ONG CarbonPlan, em parceria com o *The Washington Post*, afirma que o cenário climático tende a piorar em escala global.

A publicação estima que até a virada do século, em 2030, mais de 2 bilhões de pessoas estarão expostas a um mês inteiro de temperaturas elevadas acima de 32°C. Nesse cenário, adultos saudáveis que praticam atividades ao ar livre poderão sofrer com estresse térmico.

> Em 2050, o problema deverá atingir metade da população do globo. "Uma tendência preocupante é que, historicamente, apenas o Sul da Ásia e o Oriente Médio vivenciaram temperaturas tão altas. Mas, em 2050, esse

---

3 ESPECIALISTAS analisam causas dos fenômenos climáticos catastróficos dos últimos meses no planeta, *G1*, 15 set. 2023. Disponível em: https://g1.globo.com/jornal-nacional/noticia/2023/09/15/especialistas-analisam-causas-dos-fenomenos-climaticos-catastroficos--dos-ultimos-meses-no-planeta.ghtml. Acesso em: 16 set. 2023.

4 GIMENEZ, I. Cidade brasileira será a segunda mais quente do mundo, alerta estudo. *Globo Rural*, 18 set. 2023. Disponível em: https://globorural.globo.com/previsao-do-tempo/noticia/2023/09/belem-sera-a-segunda-cidade-mais-quente-do-mundo-ate-2050.ghtml. Acesso em: 19 set. 2023.

nível de calor se tornará cada vez mais frequentes em outros locais", alertam os pesquisadores.

A partir da análise dos dados, cientistas calculam que, em pouco mais de vinte e cinco anos, a cidade de Pekanbaru, na Indonésia, poderá enfrentar 344 dias de calor.

Belém do Pará, no Brasil, fica em segundo lugar, com seis meses. Também se destacam Dubai, nos Emirados Árabes Unidos, com 189 dias; Calcutá, na Índia, com188 dias; e Nimule, no Sudão do Sul, com 159 dias de temperaturas extremas.

A sustentabilidade e a inteligência artificial – IA

No mundo atual, em rápida evolução, a integração da inteligência artificial nas estratégias de desenvolvimento sustentável tem o potencial de provocar mudanças transformadoras em todos os países, especialmente naqueles em desenvolvimento, como o Brasil. Embora esses países enfrentem, frequentemente, imensos desafios relacionados à pobreza, aos recursos limitados e à degradação ambiental, a IA oferece um farol de esperança ao revolucionar na abordagem da sustentabilidade.

As aplicações da IA na sustentabilidade são diversas e impactantes. Uma área crucial é a gestão de recursos. Em países como o Brasil, a luta pela gestão eficiente dos escassos recursos é frequente.

A análise preditiva baseada em IA poderá analisar dados sobre disponibilidade de água, rendimento de colheitas e consumo de energia para fornecer insights que ajudem a otimizar a alocação de recursos.

Por exemplo, a IA consegue prever padrões climáticos e sugerir épocas de plantio ideais para os agricultores, especialmente os pequenos, maximizando a produção agrícola e minimizando o desperdício.

A eficiência energética é outro aspecto crítico onde a IA fará uma diferença significativa. Algumas regiões carentes não têm acesso confiável à eletricidade e, quando ela está disponível, muitas vezes provém de fontes não renováveis. A IA ajudará na gestão de sistemas energéticos, prevendo padrões de demanda e permitindo, assim, uma distribuição mais eficiente, reduzindo o desperdício. Além disso, auxiliará a projetar e implementar microrredes alimentadas por fontes renováveis, como solar e eólica, fornecendo energia confiável para áreas remotas.

Além disso, os sistemas de alerta precoce baseados na IA poderão mitigar o impacto das catástrofes naturais, que afetam desproporcionalmente as comunidades mais carentes. Ao analisar dados de diversas fontes, incluindo imagens de satélite e redes de sensores, a IA ajudará a prever eventos como inundações ou terremotos e a emitir alertas oportunos. Isso permite que as comunidades sejam evacuadas antecipadamente, minimizando a perda de vidas e propriedades.

Na saúde, a IA tem potencial para revolucionar a detecção e o tratamento de doenças em regiões carentes. Com infraestrutura médica limitada, essas áreas se beneficiarão de diagnósticos baseados em IA, analisando imagens médicas e fornecendo avaliações precisas. A IA também auxiliará na descoberta de medicamentos, analisando rapidamente compostos para possíveis tratamentos de doenças prevalentes nestas regiões.

Embora a promessa da IA na sustentabilidade seja imensa, os desafios permanecem. Eles incluem acesso limitado à tecnologia, preocupações com a privacidade dos dados e a falta de profissionais qualificados. No entanto, os esforços colaborativos entre governos, organizações sem fins lucrativos e empresas tecnológicas viabilizará o enfrentamento dos problemas e abrirá caminho para o desenvolvimento sustentável.

Concluindo, a IA é uma promessa para impulsionar a sustentabilidade em países como o Brasil. Ao aperfeiçoar a gestão de recursos, a eficiência energética, a preparação para catástrofes e os cuidados de saúde, a IA contribuirá a melhorar essas regiões e ajudá-las a evoluir para um futuro mais sustentável. À medida que as tecnologias de IA continuam a avançar e a tornar-se mais acessíveis, elas ganham o potencial de catalisar mudanças positivas e criar um mundo mais equitativo para todos.

Estudo de caso – Randoncorp[5]

Há mais de setenta anos, a Randocorp desenvolve soluções em equipamentos, sistemas automotivos e serviços para transporte. Seu modelo de negócios é diversificado, atendendo a diferentes mercados nos cinco continentes.

Em síntese, é assim que uma empresa atua quando o assunto é ESG:

---

[5] O QUE são os indicadores ESG e quais os impactos para as empresas? *Empresas Randon*, 2023. Disponível em: https://blog.randon.com.br/indicadores-esg/. Acesso em: 20 jun. 2023.

Environmental (Ambiental)

Refere-se à maneira como uma empresa age em relação à conservação do meio ambiente. Isto é, como ela atua em temas como:

- utilização de recursos naturais, como água e energia elétrica;
- escolha dos equipamentos para o funcionamento do negócio;
- poluição do ar e da água;
- geração e descarte de resíduos;
- desmatamento;
- biodiversidade;
- emissão de carbono.

Social

É o pilar que abrange os direitos humanos, incluindo ações de saúde e segurança da equipe de colaboradores, preocupação com os consumidores e com a comunidade. Ou seja, diz respeito à relação da empresa com as pessoas que fazem parte do seu universo.

Algumas ações são:

- satisfação dos clientes;
- engajamento e motivação dos funcionários;
- programa de treinamento, qualificação e desenvolvimento dos funcionários;
- diversidade dos membros da equipe;
- proteção de dados;
- respeito às leis trabalhistas e aos direitos humanos;
- relacionamento com a comunidade;
- monitoramento da cadeia de fornecedores.

Governance (Governança)

Por fim, a governança envolve a política empresarial da empresa, incluindo:

- atuação do corpo executivo;
- relatórios financeiros e contábeis transparentes;
- gestão de riscos;
- relação com políticos e órgãos do governo;
- conduta corporativa;
- composição dos conselhos;
- estrutura do comitê de auditoria e de ética;
- existência de um canal de denúncias;
- políticas de transparência e de combate à corrupção;
- direitos dos acionistas.

O que são índices ESG?

Os índices ESG são uma medida de desempenho que mensura a responsabilidade ambiental, social e de governança de uma empresa. Eles são usados por investidores para avaliar a performance da instituição em relação a esses critérios.

Por meio desses índices, os investidores têm uma visão mais abrangente dos negócios em que estão investindo, o que permite uma compreensão mais profunda dos fatores que podem afetar o desempenho no longo prazo.

Quais são os índices ESG utilizados no Brasil?

Uma das maneiras de analisar se uma empresa segue os indicadores é por meio de relatórios anuais. Porém, essa é uma forma trabalhosa, principalmente para os investidores, e de difícil acesso aos consumidores.

Para facilitar, foram criados índices que unem companhias comprometidas com os pilares ESG e certificações que comprovam a responsabilidade das empresas. Confira os principais.

- **Índice de Carbono Eficiente (ICO2):** reúne organizações que desenvolvem políticas internas para diminuir a emissão de gases responsáveis pelo efeito estufa, e que se comprometem de maneira ética a reduzir a geração de carbono.

- **Índice de Sustentabilidade Empresarial (ISE B3):** esse índice ESG avalia as empresas listadas na Bolsa de Valores sob a perspectiva de sustentabilidade empresarial, ou seja, se elas estimulam práticas sustentáveis na sociedade. Para fazer parte dessa carteira é preciso apresentar dados de suas práticas, que serão avaliados pela B3. Em seguida, a entidade dará uma nota para posicionar a organização em um ranking.
- **Sistema B:** essa é uma certificação feita pelo Sistema B Brasil, em parceria com a norte-americana B-Lab. Para receber esse selo, as companhias devem passar por um processo de avaliação que leva em conta seus impactos sociais e ambientais.
- **Estratégia Investimento Verde:** de iniciativa do Ministério do Desenvolvimento Regional, é um conjunto de métricas socioambientais monitoradas em editais de infraestrutura. Ela permite que tanto agentes públicos quanto agentes privados interessados alinhem novos projetos de infraestrutura para o desenvolvimento da empresa.

Para saber mais

Os relatórios de sustentabilidade, em sua maioria, seguem os padrões do GRI,[6] sigla para Global Reporting Initiative, uma organização internacional de grande credibilidade no cenário global, que fornece as melhores práticas na elaboração de relatórios de sustentabilidade para as empresas.

Nesse sentido, a organização auxilia não só as companhias, mas também governos e demais entidades, a medirem e disponibilizarem informações sobre os impactos socioambientais causados por suas atividades, considerando que a padronização surge como forma de facilitar a avaliação e comparação entre diversos relatórios, com ênfase na transparência.

---

[6] GLOBAL Reporting Initiative. *GRI*, 2023. Disponível em: https://www.globalreporting.org/how-to-use-the-gri-standards/gri-standards-portuguese-translations/. Acesso em: 20 jun. 2023.

As Normas GRI representam as melhores práticas globais para o público sobre diferentes impactos econômicos, ambientais e sociais.

O relato de sustentabilidade com base nessas normas fornece informações sobre as contribuições positivas ou negativas de uma organização para o desenvolvimento sustentável.

As Normas GRI são um sistema modular de normas inter-relacionadas. Três séries de normas embasam o processo de relato: as Normas Universais da GRI, que se aplicam a todas as organizações; as Normas Setoriais da GRI, aplicáveis a setores específicos; e as Normas Temáticas da GRI, cada uma apresentando conteúdos relevantes a um tema em particular.

O uso dessas normas para a definição de quais temas são materiais (relevantes) ajuda as organizações a atingir o desenvolvimento sustentável.

Relatório

O modelo de relatório da GRI, o "Global Reporting Initiative Standards", estrutura suas normas entre padrões universais e padrões de tópicos específicos. Os primeiros são os fundamentos, as divulgações gerais e a abordagem de gestão, já os últimos são as séries sobre os tópicos econômicos, ambientais e sociais. Cabe ressaltar que existem ainda os padrões setoriais, mas estes são aplicáveis somente a alguns setores definidos, de modo que não fazem parte da estrutura genérica do GRI Standards.

A importância para uma empresa?

Adotar práticas de sustentabilidade traz benefícios importantes para uma organização. Além de reduzir os riscos e gerar valor no longo prazo, permite melhorar tanto a gestão quanto a comunicação entre acionistas e partes interessadas. Há ainda outras vantagens, que destacamos a seguir.

Atração de investidores

O uso dos indicadores ESG é um ponto importante para melhorar a imagem da empresa no mercado. Com consumidores cada vez mais interessados nos aspectos socioambientais, adotar ações para incorporar os princípios do ESG na empresa pode garantir uma ótima reputação.

Ao utilizar tais fatores em favor do negócio, com estratégias bem determinadas e que aproveitem esse ganho de imagem, podem-se obter ótimos retornos e, com isso, melhorar os lucros do empreendimento.

Também é possível fazer com que os consumidores se conectem e fiquem ligados à marca e a seus propósitos. Isso aumenta o nível de fidelização de clientes e faz com que a companhia tenha mais previsibilidade em suas receitas.

Redução de riscos

A aplicação dos índices ESG também é um ponto importante para fazer a gestão de riscos do negócio. Por exemplo, com maior previsibilidade e entrada de caixa na empresa, melhora-se o gerenciamento dos recursos financeiros.

Entretanto, ao aplicá-los, é preciso estar atento à legislação. Dessa forma, você consegue evitar problemas relacionados às normas, aumentando a segurança jurídica do negócio.

Assim, consegue-se manter a tranquilidade para encontrar diferenciais competitivos.

Diminuição de custos

Outro aspecto importante que vem por meio dos indicadores ESG diz respeito à utilização de recursos. Esse conceito auxilia na utilização mais inteligente, consciente e otimizada das matérias-primas da empresa.

Desse modo, é possível reduzir os custos e encontrar maneiras para não desperdiçar os bens do estabelecimento. Como resultado, torna-se viável aprimorar a gestão financeira, de modo a fortalecer o diferencial competitivo da empresa em relação aos concorrentes.

Com o aumento de entrada de dinheiro devido à melhora de reputação, eleva-se o capital de giro, proporcionando mais saúde para as finanças da empresa.

Identificação de oportunidades

Outra possibilidade é que os gestores identifiquem as melhores oportunidades no mercado.

Por meio dos princípios ESG, é viável encontrar os gargalos de cada segmento de atuação e, desse modo, melhorar os resultados do negócio.

Por exemplo, uma das maiores vantagens é a capacidade de atrair um público crescente interessado no consumo consciente. Além disso, os princípios ESG facilitam a implementação de um sistema de compliance.

Assim, o negócio adota as principais tendências que prometem fortalecer a relação com consumidores e fornecedores. Dessa maneira, as chances de aumentar a lucratividade e aproveitar as inovações são altas.

Melhor colocação no mercado

Ao investir na melhoria dos índices ESG de sua marca, poderá ampliar sua colocação no mercado, pois os investidores estão cada vez mais interessados em participar de empresas com boas práticas de governança. Isso indica que a empresa está adotando práticas responsáveis e que está cumprindo com a responsabilidade social e ambiental.

Desse modo, a imagem da empresa se consolida, demonstrando seu compromisso em atender às expectativas dos investidores. Essas melhorias podem, ainda, aumentar o interesse dos investidores, devido à expectativa de resultados mais favoráveis no futuro.

Mas como pôr isso em prática?

Para conquistar os benefícios que citamos, é necessário adotar algumas práticas. O primeiro passo é definir um responsável ou montar um conselho ESG para elaborar estratégias e planejar algumas mudanças na empresa.

Esse conselho deverá fiscalizar as ações e fazer readequações sempre que julgar necessário.

Entre as práticas, destacamos as seguintes:

- gerenciamento dos resíduos sólidos e líquidos;
- redução do consumo de recursos naturais;
- mudança nas embalagens dos produtos, diminuindo o uso de plástico e utilizando, por exemplo, produtos reciclados ou biodegradáveis;
- elaboração de programas voltados à saúde física e mental dos trabalhadores;

- qualificação, capacitação e desenvolvimento de equipes;
- promoção de ações sociais para apoiar as causas defendidas pela empresa;
- investimento em treinamento de lideranças;
- adoção de conselho de administração independente;
- escolha de parceiros e fornecedores que também atendam aos critérios ESG.

A **Randoncorp** põe isso em prática. Entre seus principais objetivos de negócios, estão:

- zerar acidentes graves;
- diminuir em 40% a emissão de gases de efeito estufa até 2030;
- zerar a disposição de resíduos em aterro industrial e reutilizar 100% do efluente tratado até 2025;
- duplicar o número de mulheres em cargos de liderança até 2025;
- aumentar a receita líquida consolidada anual gerada por novos produtos.

A empresa tem atuação alinhada com os Objetivos de Desenvolvimento Sustentável da ONU. Por isso, promove como valores essenciais a condução ética e responsável, a excelência e a segurança, o compromisso com o meio ambiente, a prosperidade para todos e a inovação sustentável.

Investir em mudanças para atender aos índices ESG é de extrema importância para o crescimento de uma empresa. Afinal, isso conquistará o interesse de mais investidores, dará valor para a empresa a longo prazo e ainda poderá atrair um interesse maior do público, que se preocupa cada dia mais com o impacto de suas ações no meio ambiente.

A Inteligência de dados ESG será fundamental para a estratégia dos negócios

Os aspectos ambiental, social e de governança têm cada vez mais impacto sobre o sucesso ou não de um negócio. Isso inclui sua capacidade de acessar capital, definir riscos reputacionais, atrair talentos e ganhar competitividade.

Por ser um assunto imprescindível, executivos e conselheiros demandarão dados ESG de suas companhias para tomar decisões estratégicas. Tais informações precisam ter qualidade e, para isso, exigirão arquitetura inteligente para coleta de dados, gestão qualificada e sistemas auditáveis.

O "ESG Data Intelligence" será um dos temas mais críticos para a elevação da agenda no nível estratégico dos negócios, segundo Arbex (2022).[7]

A coleta de dados e a formação do ESG Data Intelligence

O Instituto Ethos de Empresas e Responsabilidade Social, uma Organização da Sociedade Civil de Interesse Público (OSCIP) cuja missão é mobilizar, sensibilizar e ajudar as empresas a gerirem seus negócios de modo socialmente responsável, tornando-as parceiras na construção de uma sociedade justa e sustentável, desenvolveu uma ferramenta de gestão pensada especialmente para auxiliar as empresas a incorporarem a sustentabilidade às suas estratégias de negócios: os indicadores Ethos.[8]

A nova geração dos Indicadores Ethos permite a flexibilidade no uso da ferramenta. Sua empresa/organização poderá selecionar os indicadores de acordo com o interesse e com a reflexão a respeito dos temas que pretende desenvolver. As publicações estão disponíveis em PDF no website da organização.

Quadro dos Indicadores Ethos

O Instituto Ethos define os Indicadores Ethos da seguinte forma:[9]

> Os Indicadores Ethos são uma ferramenta de gestão, de uso gratuito, que visa apoiar as empresas na incorporação da sustentabilidade e da responsabilidade social empresarial (RSE) em suas estratégias de negócio, de modo a torná-las mais sustentáveis e responsáveis.

---

7 ARBEX, N. Especialistas apontam quais temas ESG serão essenciais em 2022. *Folha de S.Paulo*, São Paulo, 29 jun. 2022. Economia. Disponível em: www1.folha.uol.com.br/mercado/2022/01/especialistas-apontam-quais-temas-esg-serao-essenciais-em-2022.shtml. Acesso em: 10 set. 2023.

8 INDICADORES Ethos – publicações. *Instituto Ethos* [s.d.]. Disponível em: www.ethos.org.br/conteudo/indicadores-ethos-publicacoes/#.WXkBCoQrKUl. Acesso em: 25 abr. 2024.

9 INDICADORES Ethos para negócios sustentáveis e responsáveis. *Instituto Ethos* [s.d.]. Disponível em: www.ethos.org.br/?post_type=conteudo&p=8680. Acesso em: 04 set.2023.

A ferramenta é composta por um questionário que permite o autodiagnóstico da gestão da empresa e um sistema de preenchimento online que possibilita a obtenção de relatórios, por meio dos quais se faz o planejamento e a gestão de metas para o avanço da gestão na temática da RSE/Sustentabilidade.

A atual geração dos Indicadores Ethos, que será continuamente aprimorada, oferece uma abordagem renovada para gerir empresas, integrando princípios e comportamentos da responsabilidade social empresarial (RSE) com metas de sustentabilidade e um conceito de negócios sustentáveis e responsáveis ainda em desenvolvimento. A ferramenta tem também maior alinhamento com as diretrizes de relatórios de sustentabilidade da Global Reporting Initiative (GRI), com a Norma de Responsabilidade Social ABNT NBR ISO 26000, o CDP, e outras iniciativas.

Os Indicadores Ethos para Negócios Sustentáveis e Responsáveis têm como foco avaliar o quanto a sustentabilidade e a responsabilidade social têm sido incorporadas os negócios, auxiliando a definição de estratégias, políticas e processos. Embora traga medidas de desempenho em sustentabilidade e responsabilidade social, esta ferramenta não tem a finalidade de medir o desempenho das empresas nem reconhecer empresas como sustentáveis ou responsáveis.

INDICADORES ETHOS - QUESTIONÁRIO PRINCIPAL (47 indicadores)		
Escolha quantos e quais indicadores deseja aplicar. A abrangência do diagnóstico é uma escolha da sua empresa / organização		
Visão e estratégia	**Social**	**Ambiental**
1. Estratégias para a sustentabilidade	20. Monitoramento de impacto do negócio nos direitos humanos	37. Governança das ações relacionadas às mudanças climáticas
2. Proposta de valor	21. Trabalho infantil na cadeia de suprimentos	38. Adaptação às mudanças climáticas

3. Modelo de negócios	22. Trabalho forçado (ou análogo ao escravo) na cadeia de suprimentos	39. Sistema de gestão ambiental
	23. Promoção da diversidade e equidade	40. Prevenção da poluição
Governança e gestão	24. Relação com empregados (efetivos, terceirizados, temporários ou parciais)	41. Uso sustentável de recursos: materiais
4. Código de conduta	25. Relações com sindicatos	42. Uso sustentável de recursos:água
5. Governança da organização (empresas de capital aberto e fechado)	26. Remuneração e benefícios	43. Uso sustentável de recursos: energia
6. Compromissos voluntários e participação em iniciativas RSE/ sustentabilidade	27. Compromisso com o desenvolvimento profissional	44. Uso sustentável de biodiversidade e restauração dos hábitos naturais
7. Engajamento das partes interessadas	28. Comportamento frente a demissões e empregabilidade	45. Educação e conscientização ambiental
8. Relações com investidores e relatórios financeiros	29. Saúde e segurança dos empregados	46. Impactos do transporte, logística e distribuição
9. Relatos de sustentabilidade e relatos integrados	30. Condições de trabalho, qualidade de vida e jornada de trabalho	47. Logística reversa
10. Comunicação com responsabilidade social	31. Relacionamento com o consumidor	

11.Práticas concorrenciais	32. Impactos decorrentes do uso dos produtos ou serviços	
12. Práticas anticorrupção	33. Estratégia de comunicação responsável e educação para o consumo consciente	
13. Contribuições para campanhas eleitorais	34. Gestão dos impactos da empresa na comunidade	
14. Envolvimento no desenvolvimento de políticas públicas	35. Compromisso com o desenvolvimento da comunidade e gestão das ações sociais	
15. Gestão participativa	36. Apoio ao desenvolvimento de fornecedores	
16. Sistema de gestão integrado		
17. Sistema de gestão de fornecedores		
18. Mapeamento dos impostos da operação e gestão de riscos		
19. Gestão da RSE/ sustentabilidade		

Indicadores Ethos para micro e pequenas empresas[10]

Os Indicadores Ethos apresentam dois tipos de questionários, cujos conteúdos foram adaptados para diferentes portes de empresas, considerando suas peculiaridades e complexidades.

O questionário sugerido para as micro e pequenas empresas é o dos Indicadores Ethos-Sebrae, cujo conteúdo está estruturado em:

[10] INDICADORES Ethos para micro e pequenas empresas. Disponível em: https://www.ethos.org.br/?post_type=conteudo&p=1264. Acesso em: 18 nov. 2023.

- **Perguntas-chave**: propõem uma reflexão sobre qual é o nível de adequação de determinada prática na gestão da empresa, com cinco opções de respostas: "Não", "Em parte", "Em grande parte", "Sim" e "Não vemos aplicação disso em nossa empresa". Se a resposta for "Não" ou "Não vemos aplicação disso em nossa empresa", as demais perguntas do indicador não precisam ser respondidas, pois são consideradas não aplicáveis.
- **Perguntas binárias**: relacionadas a cada pergunta-chave, contêm elementos de validação e aprofundamento sobre o tema nela tratado e contribuem para a compreensão de quais práticas devem ser incorporadas à gestão do negócio. Além das opções de respostas "Sim" ou "Não", há ainda a opção "Não se aplica", para questões não relacionadas à realidade da empresa. Essas perguntas devem ser obrigatoriamente respondidas, exceto nos casos em que a pergunta-chave correspondente não seja aplicável à realidade da empresa.
- **Perguntas quantitativas:** propõem o levantamento sistemático de dados que serão úteis no monitoramento interno da empresa. Embora alguns indicadores não apresentem esse tipo de pergunta, os dados pedidos devem ser levantados precisamente, uma vez que permitem um melhor entendimento da evolução das práticas de responsabilidade social.

Histórico

Visando a disseminação do movimento de responsabilidade social e o incentivo à incorporação de práticas de RSE pelo universo das micro e pequenas empresas, o Instituto Ethos e o Serviço Brasileiro de Apoio às Micro e Pequenas Empresas (Sebrae) desenvolveram duas publicações em 2003: "Ferramenta de autoavaliação e planejamento – Indicadores Ethos-Sebrae de RSE para micro e pequenas empresas" e "Responsabilidade social empresarial para micro e pequenas empresas — passo a passo".

O conteúdo da primeira publicação foi revisto em 2006, dando origem aos Indicadores Ethos-Sebrae de RSE para Micro e Pequenas Empresas.

Desde então, esse questionário está disponível para preenchimento no sistema online.

Indicadores Ethos/Sebrae – diagnóstico para pequenos negócios (12 indicadores)

A ferramenta apresenta o que há de comum entre a boa administração de um negócio e a responsabilidade social, além de destacar o quanto estar atento à produtividade, inovação e gestão financeira, estratégia, integridade, entre outros temas, contribui com o desenvolvimento sustentável.

Visão e estratégia	Social	Governança e gestão	Ambiental
1. Estratégia e sustentabilidade	2.Relação com empregados	6. Programa de integridade (*compliance*)	12.Uso sustentável de recursos naturais e insumos de produção
	3.Compromisso com o desenvolvimento profissional	7. Gestão financeira e administração do negócio	
	4. Saúde e segurança dos empregados	8. Produtividade e inovação	
	5. Relacionamento com a comunidade	9. Relacionamento e gestão de fornecedores	
		10.Relacionamento com consumidores ou clientes	
		11.Cumprimento das leis trabalhistas, tributárias e ambientais	

O Brasil é o 1º país no mundo a adotar relatório de informações financeiras relacionadas à sustentabilidade emitidas pelo ISSB[11]

A evolução das normas e leis sobre as questões ESG estarão em evolução. Mas algumas dessas resoluções merecem acompanhamento e monitoramento constante, especialmente por serem válidas para o Brasil, como no exemplo a seguir.

A Comissão de Valores Mobiliários (CVM) publicou a Resolução CVM 193,[12] que permite, de forma voluntária, que empresas de capital aberto, fundos de investimento e companhias securitizadoras elaborem e divulguem relatório de informações financeiras relacionadas à sustentabilidade com base nos padrões internacionais (IFRS S1 e S2) emitidos pelo International Sustainability Standards Board (ISSB).

A nova norma é a primeira entrega do Plano de Ação de Finanças Sustentáveis da CVM para 2023-2024, que conta com metas, objetivos e prazos de cumprimento baseados nas diretrizes que constam da Política de Finanças Sustentáveis. Além disso, a nova regra também está integrada à agenda de transformação ecológica instituída pelo Ministério da Fazenda.

Sobre o relatório

O relatório de informações financeiras relacionadas à sustentabilidade, com base no padrão do ISSB, deve ser objetivamente identificado e apresentado de forma segregada das demais informações da entidade e das demonstrações financeiras.

---

11 BRASIL é 1º país no mundo a adotar relatório de informações financeiras relacionadas à sustentabilidade emitidas pelo ISSB. *Comissão de Valores Mobiliários* (CVM), 20 out. 2023. Disponível em: https://www.gov.br/cvm/pt-br/assuntos/noticias/brasil-e-1o-pais-no-mundo-a-adotar-relatorio-de-informacoes-financeiras-relacionadas-a-sustentabilidade-emitidas-pelo-issb. Acesso em: 20 out. 2023.

12 COMISSÃO DE VALORES MOBILIÁRIOS (CVM). Resolução CVM nº 193, de 20 de outubro de 2023. Brasília, DF, 2023. Disponível em: https://conteudo.cvm.gov.br/legislacao/resolucoes/resol193.html. Acesso em: 20 out. 2023.

A comunicação corporativa como elemento crítico da estratégia empresarial[13]

Saber comunicar a estratégia com clareza e em múltiplos canais que cheguem a funcionários, fornecedores e clientes pode ajudar empresas a avançarem em boas práticas de governança, sociais e ambientais.

Ao mesmo tempo, também permite que as estratégias sejam mais consistentes e aplicadas de maneira eficaz, gerando mais valor às organizações e *stakeholders*. É o que defende Claudia Pagnano, conselheira de administração na Vitru Education, Vix Logística e Brado Logística, além de ser uma das fundadoras da Women Corporate Directors (WCD).

A executiva faz parte da Comissão Estratégica do IBGC (Instituto Brasileiro de Governança Corporativa), que elaborou um relatório sobre o assunto chamado "Comunicação da estratégia: Práticas para ampliar resiliência e eficácia". Além de Pagnano, são coautores do documento Deborah Patricia Wright, Eliane Lustosa, Henri Vahdat, Paulo Iserhard e Roberto Faldini.

Elaboração da estratégia

Os autores destacam que, no cerne da falha no cumprimento das promessas colocadas na estratégia, está:

- a falta de engajamento e comprometimento das pessoas;
- pouca atenção e suporte por parte das lideranças;
- dificuldade em traduzir decisões estratégicas em ação pela falta dos conhecimentos e habilidades necessários; e
- incapacidade de conduzir processos de mudança, de forma efetiva, ao longo do ciclo de vida dos projetos.

É apontada ainda a necessidade de um investimento maior de tempo e recursos para fazer a estratégia ser bem compreendida, ainda mais se sua execução envolver processos complexos, riscos e restrições.

---

[13] BERTÃO, N. Comunicação é peça-chave para engajar pessoas, clientes e fornecedores em boas práticas corporativas. *Valor Econômico*, São Paulo, 09 ago. 2023. Disponível em: https://valor.globo.com/empresas/esg/noticia/2023/08/09/comunicacao-e-peca-chave-para-engajar-pessoas-clientes-e-fornecedores-em-boas-praticas-corporativas.ghtml. Acesso em: 22 jun. 2023.

Para eles, a comunicação com colaboradores, fornecedores, clientes, consumidores, parceiros de mercado, ONGs, entes públicos, associações de classe, investidores e até mesmo concorrentes pode ser determinante para o sucesso — ou insucesso —, até mesmo na formulação das estratégias, e não só no desenho final.

Importante

Os autores destacam:

Em um mundo caracterizado por mudanças aceleradas, complexidade e incertezas, estratégias importam mais do que nunca. Nessa perspectiva, deixar de monopolizar o processo da estratégia, e abri-lo para incorporar a contribuição das partes interessadas mais relevantes de uma organização, pode ser parte da receita para minimizar riscos e aumentar as chances de sucesso dessas estratégias.

Perguntas como:

- Onde estamos?
- Onde queremos chegar?
- Quais caminhos deveremos percorrer para alcançar esses objetivos?

A recomendação aqui é, primeiro, identificar os *stakeholders* relevantes. Em segundo lugar, abrir um canal de comunicação com eles. Para isso, pode ser necessário valer-se de diversos meios e áreas dentro da empresa.

"É um trabalho que demanda comunicação entre diversas áreas da companhia, como marketing, relações com investidores, relações públicas e outras. É um trabalho, de fato, colaborativo", diz a conselheira.

Porém, ela alerta que os papéis de cada um precisam estar bem definidos e todos precisam estar na mesma página, para que a comunicação esteja alinhada com o propósito da empresa. E ainda afirma: **"É preciso ter plataformas e processos coerentes de como tratar esse dado, colocar inteligência em cima dele. Com isso, o consumidor pode ajudar a empresa a mudar e até a criar novos produtos."**

Em sua experiência de catorze anos no WCD, grupo que promove a igualdade e equidade de gênero em conselhos e alta liderança, Cláudia Pagnano observou, ao longo do tempo, que muitas empresas falam sobre o tema, mas praticam pouco.

"Falar de ESG tem a ver com o '*walk the talk*', ou seja, você tem que ser pró-diversidade e não apenas falar sobre diversidade, só cumprir tabela colocando uma mulher no conselho ou C-Level." Para ela, esse é um bom exemplo de por que a conscientização passa pela comunicação eficaz internamente.

Os autores citam que um número crescente de empresas tem utilizado diferentes abordagens para fazer essa combinação, tais como:

- O modelo BSC (Balanced Scorecard).
- O tripé da sustentabilidade (Triple Bottom Line: Social, Econômico, Ambiental).
- O Relato Integrado (Capitais Financeiro, Manufaturado, Intelectual, Humano, Social, de Relacionamento e Natural).
- Os macrotemas ODS (Objetivos de Desenvolvimento Sustentável) da ONU.
- Os pilares ESG (Ambiental, Social e Governança) ou o manifesto de Davos (Princípios de Governança, Planeta, Pessoas e Prosperidade).

O relatório traz ainda o papel do conselho de administração em tudo isso, principalmente porque muitos colegiados são questionados pelos investidores sobre o pensamento de longo prazo da empresa. O conselho, inclusive, pode aproximar a empresa do mercado.

A prática de *stewardship*, que é o engajamento mais direto e ativo de investidores com empresas investidas, é uma realidade no mundo e vem crescendo no Brasil. Para os autores do relatório, essa pode ser uma oportunidade de estreitar relações, especialmente em momentos em que a organização atravessa dificuldades.

O documento traz ainda o papel de cada agente para que a comunicação flua e dicas sobre como falar com o público externo e interno. Pagnano finaliza dizendo que os conceitos e as sugestões apresentadas no relatório valem para empresas de capital aberto, fechado e empresas familiares.

“O que pode mudar é a granularidade e complexidade dos processos. A empresa menor vai conseguir fazer uma gestão com uma facilidade e tempo de resposta talvez mais rápidos em função de seu porte; quanto maior a empresa, maior a complexidade”, diz a conselheira.

Para saber mais

Os Objetivos de Desenvolvimento Sustentável[14] são um apelo global à ação para acabar com a pobreza, proteger o meio ambiente e o clima e garantir que as pessoas, em todos os lugares, possam desfrutar de paz e de prosperidade.

Estes são os objetivos para os quais as Nações Unidas estão contribuindo a fim de que possamos atingir a Agenda 2030 no Brasil.

1. Erradicação da pobreza
2. Fome zero
3. Boa saúde e bem-estar
4. Educação de qualidade
5. Igualdade de gênero
6. Água limpa e saneamento
7. Energia acessível e limpa
8. Emprego e crescimento econômico
9. Indústria, inovação e infraestrutura
10. Redução das desigualdades
11. Cidades e comunidades sustentáveis
12. Consumo e produção responsáveis
13. Combate às alterações climáticas
14. Vida debaixo d’água
15. Vida sobre a terra
16. Paz, justiça e instituições fortes
17. Parcerias em prol das metas

---

[14] SOBRE o nosso trabalho para alcançar os Objetivos de Desenvolvimento Sustentável no Brasil. *Nações Unidas Brasil* [s.d.]. Disponível em: https://brasil.un.org/pt-br/sdgs. Acesso em: 22 jun. 2023.

A construção do ESG Data Intelligence

Segundo Deloach (2023), existem cinco ações essenciais para a elaboração de um relatório ESG com foco no clima:[15]

1. Refine o processo de coleta de dados constantemente
A coleta inicial de dados para divulgações climáticas geralmente envolve dezenas de e-mails e uma forte dependência de planilhas. Nenhum grupo financeiro deseja repetir esse processo para essa finalidade a cada trimestre, por isso, é importante começar a identificar processos e ferramentas de tecnologia melhores e mais avançados o mais rápido possível. O objetivo dessas melhorias é garantir a precisão, eficácia, consistência e eficiência de todas as atividades na coleta de dados ESG no futuro.

2. Levante os dados históricos existentes
Muitos dados ambientais e de capital humano residem em demonstrações financeiras anteriores. Esses dados geralmente podem ser reaproveitados para produzir métricas ESG formais alinhadas às estruturas de relatórios padrão. Rotatividade de funcionários e atividades de logística são bons exemplos de dados históricos extraídos para uso em relatórios ESG. Extração semelhante pode ser possível para divulgações climáticas.

3. Ajude os produtores de dados climáticos a entenderem a necessidade de controles rigorosos
Conforme as equipes financeiras obtêm dados relacionados ao clima de seus colegas de trabalho e terceiros, elas devem ter em mente que poucos — se houver — desses parceiros estão familiarizados com os controles financeiros exatos de que esses relatórios precisam, muito menos a importância de considerações de materialidade e consistência de apresentação. Esses colaboradores precisarão ser educados na produção de dados ESG com a mesma qualidade dos dados financeiros.

4. Preveja a escassez de recursos
Dado o número de novos interessados envolvidos e a quantidade de trabalho necessário, as atividades iniciais de coleta de dados para divulgações

[15] DELOACH, J. Cinco ações essenciais para elaborar um relatório ESG com foco no clima. *Forbes*, 2021. Disponível em: https://forbes.com.br/forbesesg/2021/09/5-acoes-essenciais-para-elaborar-um-relatorio-esg-com-foco-no-clima/. Acesso em: 29 jun. 2023.

climáticas exigirão tempo e pessoal significativos durante um período em que as listas de prioridades do time financeiro — do gerente ao CFO — estarão transbordando.

5. Saiba que as auditorias estão chegando

A melhor maneira de garantir a validade, precisão e aplicabilidade dos dados climáticos é lembrar que, em última análise, um auditor precisará confirmar que eles são tão confiáveis quanto os dados financeiros que estão acostumados a revisar. Não se engane: o objetivo das divulgações climáticas não é marcar uma caixa de conformidade ou passar por uma revisão de auditoria. O objetivo final é aumentar o valor do negócio — acessando mais capital, qualificando-se para melhores condições de empréstimo, gerando maior lucratividade e atraindo talentos com mais qualidade. Para chegar lá, muitas equipes financeiras terão que testar suas habilidades de colaboração ao lidar com times operacionais e funcionais em toda a organização e alcançar melhorias rápidas a partir do zero. Manter o jogo final em mente ajudará a estabelecer as bases para a geração de valor estratégico das atividades ESG no futuro.

As etapas para a construção do ESG Data Intelligence

As melhores práticas internacionais indicam que a forma mais eficaz de se praticar inteligência aplicada aos negócios, e, nesse caso, a elaboração de um ESG Data Intelligence, é fazendo uso do Ciclo de Inteligência, ou seja, estabelecer um processo de trabalho que considere, de acordo com Passos e Martini (2010), as seguintes etapas. (Alguns autores destacam a parte de tecnologia com maior ou menor ênfase na fase da coleta e análise, como uma etapa por vezes em separado, mas acreditamos que a proposta de Jan P. Herring continua sendo válida.)

O Ciclo de Inteligência Competitiva na visão de Jan P. Herring

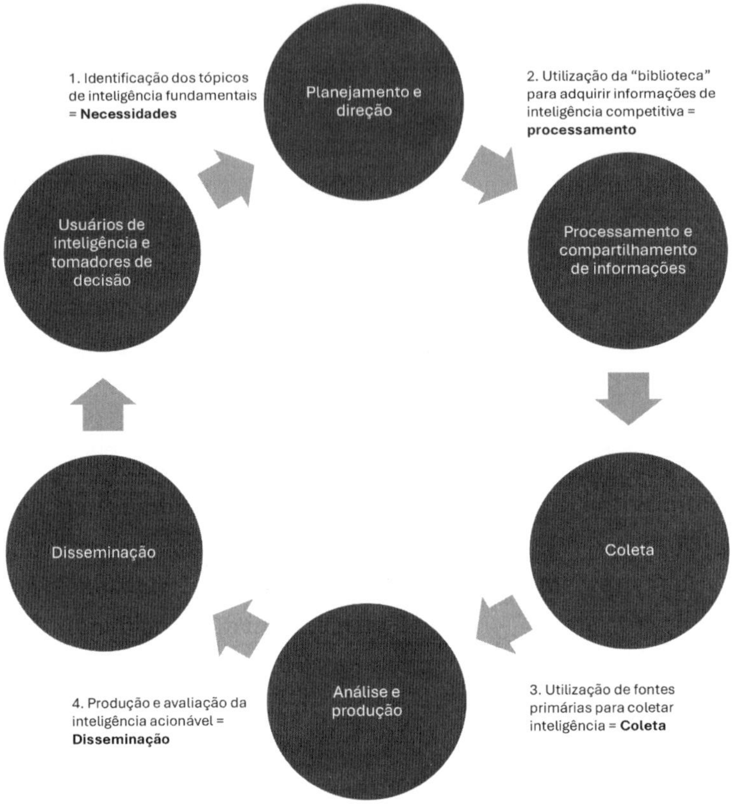

Fonte: Herring, citado por Passos e Martini (2010, p.175)

Contextualização para a acessibilidade: a imagem apresenta o Ciclo de Inteligência Competitiva na visão de Jan P. Herring, autor e pioneiro na área de inteligência. O ciclo se inicia pelo planejamento e direção e segue para o processamento e compartilhamento de informações. A seguir, vêm a coleta de informações, análise e produção, finalizando com a disseminação para os tomadores de decisão.

1. **Elaborar um planejamento das atividades** que serão desenvolvidas. A inteligência, de forma objetiva, requer a coleta de informações, análises e disseminação (apresentações e recomendações).
2. **Avaliar a necessidade de informação** da empresa e de seus executivos, constituindo assim a definição dos tópicos essenciais. Em inglês, denomina-se KIT (***Key Intelligence Topics*).** Ou seja, que decisões precisam ser tomadas? Qual é o tamanho do nosso mercado? Qual a participação da empresa nesse mercado? Conhecemos profundamente os clientes para pensar novos produtos e serviços?
3. **Coleta e registro da inteligência**, onde a atividade principal é a coleta de informações. Existem fontes secundárias e primárias. São as fontes secundárias as notícias, artigos científicos, número patentes das empresas do setor, livros sobre empresas ou setor econômico da empresa, produtos e serviços lançados recentemente. Fontes primárias são as informações retiradas de pesquisas de mercado, conversas com técnicos, professores, consultores, palestras, cursos e treinamentos, que nos permitem falar diretamente com um profissional experiente e especialista no tema.
4. **Análise e produção de inteligência**: transformação da informação em inteligência através de modelos analíticos variados. Os especialistas em análise comentam que iniciar descrevendo o ambiente competitivo geral e depois mostrar os movimentos dos concorrentes facilita o raciocínio dos gerentes e diretores envolvidos no processo de decisão.
5. **Disseminação**: a comunicação e a disseminação — compartilhamento da "inteligência coletada, analisada e apresentada com recomendações de ações", deve chegar não só aos diretores, mas aos usuários/profissionais apropriados para que possam tomar decisões e agir, seja por meio de relatórios, apresentações, mensagens de texto ou enviadas por equipamentos móveis.

Nessas etapas estão contidas outras atividades no planejamento de inteligência, como: quais e quantos profissionais serão destacados para o projeto; que informações precisam ser protegidas ou tornar-se confidenciais e quais podem circular pela empresa; armazenamento das informações e análises em nuvem ou na rede da empresa (utilização de tecnologias) e quais os indicadores/métricas para avaliar os resultados do trabalho de inteligência.

Caixa na prática

Em depoimento para a revista *HSM Management* 61, citado por Passos (2021), Leonard Fuld afirma:[16]

Geralmente buscamos respostas nas planilhas de cálculo, mas fogem de nós os aspectos "brandos", ou qualitativos, porque eles não se refletem ali. É preciso ter criatividade para tomar dados dispersos e encontrar-lhes um sentido.

A informação sobre os concorrentes não vem em pacotes prontos para serem processados, nem em um memorando escrito com perfeição. Aparece como uma imagem, aquela que se obtém ao observar a multidão que se congrega em determinado estande de uma exposição do setor de atividade ou ao perceber a pausa de um orador que revela sua dificuldade para responder a uma pergunta.

O observador é uma espécie de artista: ele deve captar os indícios importantes e, com eles, desenvolver inteligência. Às vezes demora um minuto para entendê-los; em outras ocasiões é preciso dedicar semanas inteiras à coleta de dados.

Faz pouco tempo, por exemplo, o diretor executivo de uma empresa têxtil norte-americana estava preocupado porque tinha ouvido um boato de que um concorrente asiático fabricaria produtos de menor custo em uma nova planta na Indonésia; aliás, vários meios de comunicação publicaram notícias sobre a iminente inauguração da fábrica.

Falei com diversos especialistas do setor e nenhum deles ratificou a informação, até que um analista de minha firma de consultoria visitou o local onde supostamente tinham começado a construir a fábrica e enviou-nos uma foto de uma cabra pastando.

---

16 PASSOS, A. A cabra e a tomada de decisão: inteligência competitiva aplicada. *LinkedIn*, 2021. Disponível em: https://www.linkedin.com/pulse/cabra-e-tomada-de-decis%C3%A3o-intelig%C3%AAncia-competitiva-aplicada-passos/. Acesso em: 14 out. 2023.

O concorrente nem sequer havia erguido os pilares do novo edifício. A imagem da cabra nos abriu novas perguntas: por que o concorrente não tinha contratado a construção da fábrica? Haveria um problema de fundos? A partir daí, realizamos outras pesquisas que modificaram a decisão do diretor executivo: ele se inclinou a investir no aumento da produção e em campanhas publicitárias.

Foi a *imagem da cabra* – e não um número nem um artigo jornalístico ou um blog da internet – que lhe permitiu tomar essa decisão.

Além das finanças: moldando o futuro dos relatórios de impacto econômico[17]

Para que os relatórios empresariais sobre sustentabilidade mostrem os investimentos, as ações e os resultados que as organizações estão alcançando, como vimos anteriormente, coletar informações e criar um banco de dados, ou seja, o **ESG Data Intelligence**, é fundamental.

Isso porque os Padrões de Tópicos de Impacto Econômico da Global Reporting Initiative (GRI) foram publicados pela primeira vez em 2016. Sete anos depois, o mundo e as expectativas sobre como as organizações relatam seu impacto nas economias e nas comunidades ao seu redor mudaram.

Há apelos crescentes, tanto dos decisores políticos como da sociedade em geral, para que as organizações compreendam e relatem o impacto de suas atividades.

De acordo com o Edelman Trust Barometer 2023, 82% das pessoas acreditam que os diretores executivos (e, portanto, as organizações) deveriam tomar uma posição pública sobre as alterações climáticas.

No entanto, a maioria das pessoas (53%) pensa que as empresas não estão fazendo o suficiente.

---

[17] BEYOND financials: shaping the future of economic impact reporting. *GRI*, 19 set. 2023. Disponível em: https://www.globalreporting.org/news/news-center/beyond-financials-shaping-the-future-of-economic-impact-reporting/. Acesso em: 19 set. 2023.

Uma pesquisa recente com investidores realizada pela empresa global de auditoria e consultoria PWC aponta que a forma como uma organização gerencia riscos e oportunidades ESG é um fator importante na tomada de decisões de investimento. As métricas tradicionais para medir o impacto econômico de uma organização — crescimento do PIB, rentabilidade, retorno para os acionistas — são, cada vez mais, vistas como inadequadas.

> "É necessário um amplo relatório de sustentabilidade, que vá além apenas do valor empresarial, para alcançar a coesão socioeconômica e ambiental", concorda Eelco van der Enden, CEO da GRI. "As empresas precisam comunicar à sociedade e aos investidores o esforço que estão fazendo nesses importantes temas, utilizando dados comparáveis."[18]

Como primeiro projeto de "impacto econômico" em 2019, a GRI desenvolveu uma norma fiscal que disponibiliza uma ferramenta inovadora para compreender melhor como, quando e onde as empresas pagam os seus impostos.

Agora, como próximo passo, o Global Sustainability Standards Board (GSSB) — órgão independente responsável pela definição dos Padrões GRI — deu prioridade à revisão de outras divulgações da GRI relacionadas com o impacto econômico, para melhor refletir os desenvolvimentos socioeconômicos da última década e alinhar os padrões com instrumentos oficiais internacionais.

As normas revistas adotarão uma abordagem mais holística em relação à elaboração de relatórios e levarão em conta os Objetivos de Desenvolvimento Sustentável (ODS) da ONU, bem como fatores econômicos, sociais e ambientais mais amplos.

> "Os Padrões Tópicos de Impacto Econômico revisados da GRI irão muito além da definição do crescimento do PIB como o único indicador da saúde econômica", explicou Harold Pauwels, Diretor de Padrões da GRI. "Em vez disso, centrar-se-ão nas desigualdades econômicas e no desemprego, nas condições de trabalho dignas e nas políticas que promovam o empreendedorismo. Estes são indicadores do impacto e da contribuição de uma organização para a economia e a sociedade em geral."[19]

---

[18] *Ibid.*

[19] *Ibid.*

Impacto econômico e os Objetivos de Desenvolvimento Sustentável (ODS) da ONU

A Agenda 2030 para o Desenvolvimento Sustentável estabelece um quadro para os governos e as empresas alcançarem um crescimento econômico inclusivo e sustentável.

O ODS 8 (Trabalho Digno e Crescimento Econômico) visa o crescimento inclusivo e sustentável e o trabalho digno para todos, enquanto o ODS 9 (Indústria, Inovação e Infraestruturas) centra-se em infraestruturas resilientes e inovação.

A ONU também espera que as empresas sigam princípios de responsabilidade social e ambiental. Na 78ª sessão da Assembleia Geral das Nações Unidas (AGNU), as restrições existentes na arquitetura de financiamento global para o desenvolvimento econômico sustentável e a necessidade de reformas sistêmicas claras para revigorar o compromisso de alcançar os ODS foram temas-chave de discussão.

Resumo/Principais lições da parte V

Nessa parte nos concentramos nos conceitos que envolvem a sigla ESG, ou seja, as questões ambientais, sociais e de governança, ressaltando a tragédia do clima.

Essa temática passou a ser também uma questão de como a tecnologia, em especial a inteligência artificial, pode nos ajudar nas estratégias de desenvolvimento sustentável.

Para manter o assunto no campo conceitual, apresentamos o estudo de caso da Randoncorp, uma empresa brasileira que há mais de 70 anos desenvolve soluções em equipamentos, sistemas automotivos e serviços para o transporte.

Esse estudo de caso apresenta os índices ESG utilizados no Brasil. Comentamos também sobre a organização que orienta os relatórios de sustentabilidade, a Global Reporting Initiative (GRI).

Em seguida, discutimos a coleta de dados e a formação do ESG Data Intelligence. Para não ficarmos somente nos exemplos internacionais, citamos os indicadores Ethos, com destaque para aqueles direcionados às micro e pequenas empresas.

Um dos pilares para a correta compreensão do que uma organização realiza em termos de ESG é a comunicação corporativa. Elaborar uma estratégia e apresentar "onde estamos"; "onde queremos chegar" e "que caminhos deveremos percorrer para alcançar esses objetivos" é algo fundamental para atingir os diversos públicos-alvo de uma empresa.

É importante destacar o Ciclo de Inteligência para que se compreenda que a atividade denominada "ESG Data Intelligence" é um processo contínuo, e não uma atividade esporádica na empresa.

Finalizamos esta parte ressaltando os Objetivos de Desenvolvimento Sustentável — ODS da ONU e a Agenda 2030.

Parte VI

O que mais está por vir...

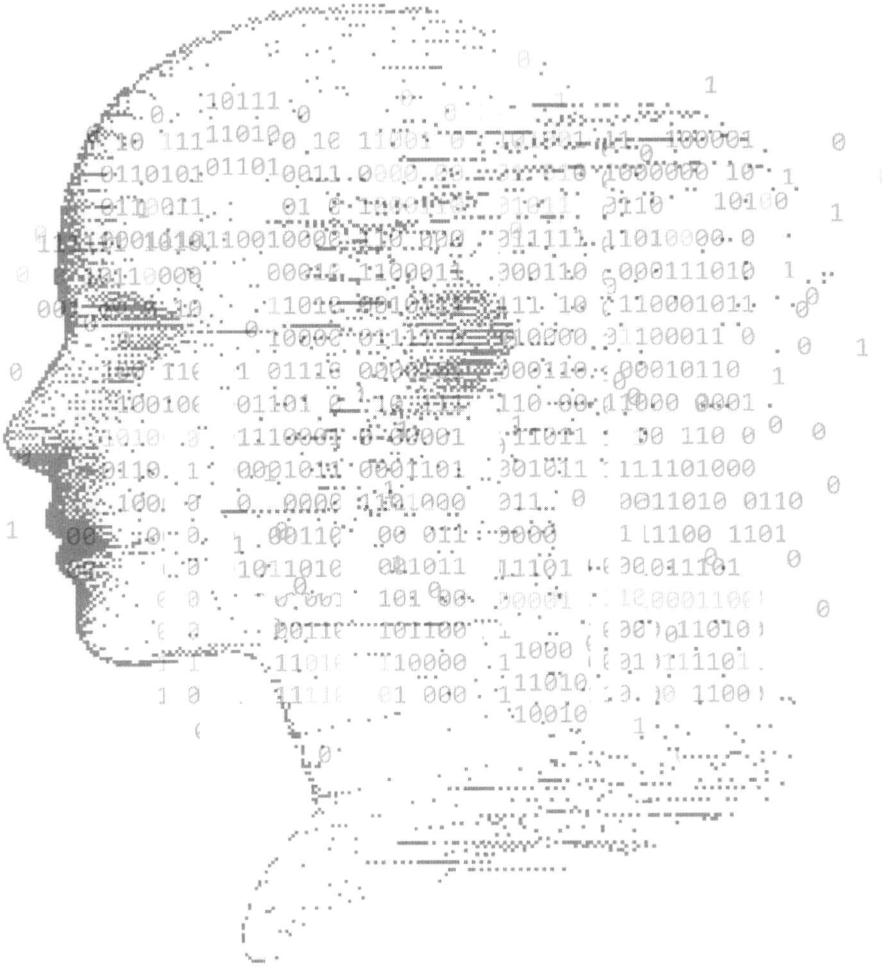

O salto quântico

Para abordarmos o que ora denominamos de "salto quântico" na era dos dados, vamos contextualizar a razão que nos leva a chamar assim essa próxima fase da evolução das formas de administrar nossas vidas na Terra.

Partimos da seguinte definição de "física":

> [...] trata-se da ciência que estuda a natureza e seus fenômenos em seus aspectos gerais. Analisa suas relações e propriedades, além de descrever e explicar a maior parte de suas consequências. Busca a compreensão científica dos comportamentos naturais e gerais do mundo em nosso torno, desde as partículas elementares até o universo como um todo. Com o amparo do método científico e da lógica, e tendo a matemática como linguagem natural, esta ciência descreve a natureza através de modelos científicos. É considerada a ciência fundamental, sinônimo de ciência natural: as ciências naturais, como a química e a biologia, têm raízes na física.[1]
>
> Essa mesma disciplina pode ser subdividida em física clássica, que contém os estudos relacionados a mecânica, ondulatória, termodinâmica e eletromagnetismo; e física moderna, que é composta pela relatividade e a mecânica quântica.

Sempre que falamos em análises de dados e técnicas de inteligência artificial, falamos em modelos matemáticos, logo, fica fácil perceber a correlação entre a física e a era dos dados.

A ciência da computação como a conhecemos hoje advém dos computadores binários desenvolvidos na década de 1950. Eram computadores gigantes, que funcionavam por meio de circuitos e válvulas eletrônicas. Consumiam muita energia, e o primeiro deles foi o Eletronic Numerical Integrator and Computer (ENIAC), que consumia cerca de 200 quilowatts e possuía 19 mil válvulas.

---

1 FÍSICA. *Google Arts & Culture*. Disponível em: https://artsandculture.google.com/entity/m05qjt?hl=pt. Acesso em: 29 abr. 2024.

A evolução foi ocorrendo lentamente até a década de 1990, com o surgimento dos computadores pessoais. A Intel entrava no mercado com seu processador Pentium, em 1993, seguido pelo Pentium II, em 1997. A AMD também lançou seu primeiro Athlon no mercado em 1998, que rodava a incríveis 750 MHz. No fim da década, a Apple apresentou o iMac, computador que unia todos os componentes ao monitor, resultando em um produto extremamente compacto para a época — foi o primeiro *all-in-one*.

A partir do século XXI, a velocidade evolutiva cresceu, e nos anos 2000 a canadense RIM lançava o primeiro smartphone do mundo, chamado Blackberry. O aparelho oferecia sistemas de e-mail e navegação na web, além de conexão móvel. Contudo, apesar de todos os lançamentos importantes, a década foi marcada pelo surgimento do iPhone, em 2007.

Em 2010, mais um lançamento disruptivo: o iPad, responsável pela criação de uma indústria inteira de tablets, assim como o iPhone fez com os smartphones.

A promessa dos criadores do transístor (Laboratórios Bell – EUA), prometendo revolucionar a indústria, a sociedade e a cultura, foi cumprida. Os grandes tubos a vácuo das válvulas foram substituídos por pequenos transístores, o que resultou em uma enorme redução no consumo de energia e um aumento significativo na eficiência.

Com essa compactação, diodos, resistores, condensadores e outros componentes foram reunidos em um único bloco ou pastilha (chip) de silício de meio centímetro quadrado. Essa compactação possibilitou o salto decisivo com a invenção do microprocessador pela Intel, que condensou a unidade central de processamento de um computador em um único chip.

A partir de então, não só o tamanho do hardware foi reduzido, como também o intervalo entre uma evolução e outra, culminando nos micro sensores inteligentes dos celulares e demais dispositivos IoT que temos atualmente.

Aonde chegaremos com tudo isso? Se entre o primeiro computador a válvulas e o primeiro computador pessoal levamos quase trinta anos para evoluir; entre o primeiro smartphone e os sensores microscópicos de hoje levamos menos de uma década.

A tecnologia evolui cada vez mais rapidamente, e a nossa capacidade de nos tornarmos obsoletos também.

No entanto, toda essa evolução que vemos na área computacional até agora se baseia nos pilares da física clássica. O próximo passo evolutivo, já estudado desde a década de 1980, fundamenta-se na física quântica.

Em 1981, em uma conferência no MIT, o físico Richard Feynman apresentou um estudo sobre a utilização de sistemas quânticos em computadores, que teriam então uma capacidade de processamento superior aos computadores comuns.

Depois de algumas pesquisas e estudos iniciais, a computação quântica tomou forma em 2007, quando a empresa canadense D-Wave lançou o Orion, o primeiro processador quântico de 16 qubits capaz de realizar tarefas práticas.

Em 2011, a mesma D-Wave lançou o primeiro computador quântico para comercialização, o D-Wave One, que possui um processador de 128 qubits. Porém, o D-Wave One ainda não era totalmente independente — precisava de um conjunto de computadores convencionais para funcionar.

Mesmo assim, a D-Wave Systems lançou comercialmente o 2000Q, um computador quântico com capacidade de 2000 qubits, ao custo de US$15 milhões. O modelo anterior tinha 1.000 qubits.

Em 2017, o físico brasileiro Guilherme Tosi, com uma equipe de pesquisadores da Universidade de Nova Gales do Sul, na Austrália, desenvolveu uma nova arquitetura para a computação quântica, baseada em "*flip-flop qubits*", que poderia ser usada em um novo tipo de computador quântico, o que viabilizou a fabricação em larga escala de processadores quânticos. O intuito era reduzir o custo de produção dos qubits, cuja fabricação é muito mais complexa que a dos chips de silício na computação tradicional.

Podemos comparar o estágio atual dos computadores quânticos aos primeiros computadores de válvula da década de 1950: gigantes, caros e com alto consumo de energia.

Mas por que a computação quântica faria tanta diferença no processo evolutivo da nossa sociedade?

Para compreender o impacto dessa nova tecnologia, precisamos entender os princípios da física quântica. Embora o tema seja complexo, tentaremos explicá-lo da forma mais simples possível.

Não é possível falar de física quântica sem mencionar o experimento mental de Erwin Schrödinger, conhecido como o **Gato de Schrödinger**.

O experimento foi proposto como parte da discussão do artigo EPR, publicado em 1935, cujo nome se deve às iniciais de seus autores: Albert Einstein, Boris Podolsky e Nathan Rosen. O paradoxo EPR esclareceu a estranha natureza das superposições quânticas. Amplamente discutida, a superposição quântica é a combinação de todos os possíveis estados do sistema (por exemplo, as possíveis posições de uma partícula subatômica).

O experimento mental "Gato de Schrödinger" segue a seguinte linha de raciocínio: um gato e um frasco contendo veneno são colocados em uma caixa lacrada, protegida contra a incoerência quântica induzida pelo ambiente [interferências externas]. Se um contador Geiger detectar radiação, o frasco se quebra, liberando o veneno e matando o gato. A mecânica quântica sugere que, até que a caixa seja aberta, o gato estará simultaneamente vivo e morto. No entanto, ao olhar dentro da caixa, apenas se vê o gato ou vivo ou morto, não uma mistura dos dois.

Dessa forma, ao contrário do que estamos acostumados a analisar na física clássica e na computação atual "binária", onde temos sempre uma posição "0" ou "1", "positivo" ou "negativo", na física quântica os estados podem ser simultaneamente "0 e 1".

Na computação quântica, a unidade de informação básica é o bit quântico ou qubit. A computação quântica é tão poderosa justamente por poder assumir mais do que apenas "0" *ou* "1", como na computação clássica; ela pode representar ambos os estados, "0" *e* "1", simultaneamente.

O que isso significa para o mundo dos negócios e a sociedade como um todo?

Significa que em 2020 o computador mais rápido do mundo (Fugaku), criado pelo governo japonês em parceria com a empresa Fujitsu, alimentado por chips ARM A64FX, com 7.630.848 núcleos, estabeleceu um recorde mundial de 442 petaflops. Além disso, contra o *benchmark* de carga de trabalho de inteligência artificial de computação de alto desempenho (HPC-AI), atingiu um máximo de 2,0 exaflops. Esse mesmo computador, o Fugaku, foi utilizado em conjunto pela Tokyo Medical and Dental University e a Fujitsu Laboratories para analisar genes relacionados ao câncer. Um processo que levava meses agora pode ser concluído em menos de um dia.

Pesquisadores da Universidade de Ciência e Tecnologia da China revelaram em 2021 que o supercomputador quântico Zuchongzhi havia estabelecido um novo marco na computação quântica. O computador chinês concluiu uma tarefa de referência designada em cerca de setenta minutos, o que em supercomputadores "clássicos" levaria pelo menos oito anos para ser executado. A tarefa executada pelo Zuchongzhi foi a resolução de um problema computacional bastante conhecido e complexo, que envolve a amostra de distribuição de saída de circuitos quânticos aleatórios. Segundo os pesquisadores, a tarefa foi considerada mais complexa do que a realizada pelo computador quântico Google Sycamore.

Em resumo, a disputa tecnológica entre as grandes potências econômicas mundiais do século XXI (EUA e China) vai além da conectividade (5G) e da inteligência artificial. Elas já travam, palmo a palmo, a próxima evolução: a quântica.

Computação binária atual versus computação quântica

Como foi observado no tópico introdutório deste capítulo, a computação como a conhecemos hoje parece tão rudimentar em comparação com as possibilidades da computação quântica quanto os computadores à válvula do século XX.

Porém, também observamos a rapidez com que essas transformações vêm ocorrendo nas últimas décadas, o que nos permite concluir que, entre o momento em que escrevemos este capítulo e a publicação do livro, a computação quântica pode já não ser um tema da próxima onda.

Entretanto, a velocidade evolutiva das tecnologias disruptivas e a capacidade humana de incorporá-las ao cotidiano ainda não se equiparam. A popularização da internet e dos canais digitais levou muito mais tempo para ser adotada pela sociedade do que para evoluir tecnicamente.

A grande prova disso é a atual transformação digital. A maioria dos instrumentos tecnológicos utilizados hoje já estavam disponíveis há, no mínimo, duas décadas, mas a verdadeira adoção só ocorreu com a crise sanitária mundial da Covid-19, que popularizou o comercio eletrônico, os pagamentos por meio de equipamentos móveis, as entregas via drones, o trabalho remoto, o ensino à distância e a telemedicina, entre outras atividades econômicas.

A empresa Google, em suas iniciativas de pesquisa na área de computação quântica, vem desenvolvendo soluções de *machine learning*, que são a base das soluções de inteligência artificial que temos atualmente.

Nesses estudos, já é possível fazer as seguintes avaliações, comparando o processamento em computadores convencionais com os quânticos: a ideia de vantagem quântica sobre um computador clássico é frequentemente estruturada em termos de classes de complexidade computacional. Exemplos como a fatoração de grandes números e a simulação de sistemas quânticos são classificados como problemas de tempo polinomial quântico limitado (BQP), que são considerados mais fáceis de resolver por computadores quânticos do que por sistemas clássicos. Já os problemas que podem ser facilmente resolvidos em computadores clássicos são chamados de problemas polinomiais probabilísticos limitados (BPP).

Mostramos que algoritmos de aprendizagem equipados com dados de processos quânticos, como processos naturais como fusão ou reações químicas, formam uma nova classe de problemas (que chamamos de BPP/Samp). Esses algoritmos podem executar com eficiência algumas tarefas que os algoritmos tradicionais, sem esses dados, não conseguem. Essa nova classe é uma subclasse dos problemas que podem ser resolvidos de forma eficiente com o auxílio de um conselho de tamanho polinomial (P/poli). Isso demonstra que, para algumas tarefas de aprendizado de máquina, a compreensão da vantagem quântica também exige o exame dos dados disponíveis.[2]

Com base nos resultados que mostram como o potencial para vantagens pode mudar dependendo da disponibilidade de dados, surge a pergunta de como um praticante pode avaliar rapidamente se seu problema é adequado para um computador quântico. Para ajudar com isso, desenvolvemos um fluxo de trabalho para avaliar o potencial de vantagem de uma estrutura de aprendizado de kernel. Examinamos uma série de testes, sendo o mais poderoso e informativo deles um novo teste geométrico que desenvolvemos.

Teste geométrico para Quantum Learning Advantage

Os dados continuam sendo fonte primordial para alimentar as novas tecnologias e gerar inúmeras novas soluções para problemas cotidianos, e indicam a possibilidade de se avaliar variáveis em múltiplas condições, em detrimento dos atuais algoritmos, que fazem correlações de forma binária, por meio de cálculos matemáticos determinísticos de semelhança. Os computadores quânticos poderão propiciar maior velocidade e uma capacidade não binária de correlações.

---

[2] VOIDSPACE. A Ascensão da computação quântica: rumo a novos paradigmas de processamento de dados. Disponível em: https://voidspace.com.br/a-ascensao-da-computacao-quantica-rumo-a-novos-paradigmas-de-processamento-de-dados. Acesso em: 26 abr. 2024.

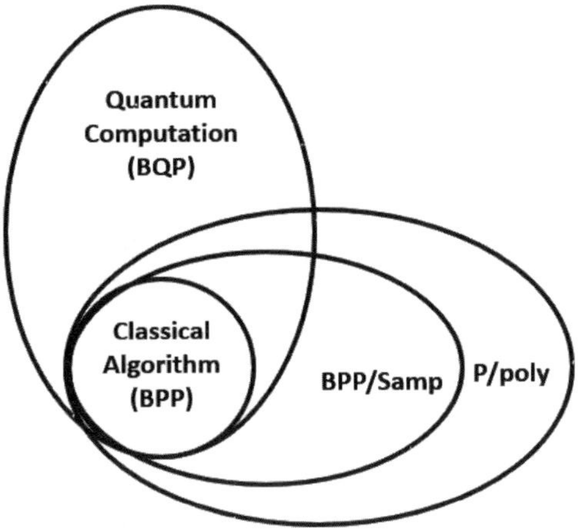

Fonte: Adaptação do autor – Quantum Machine Learning and the Power of Data.

A física quântica não é determinística como a computação clássica, onde são utilizadas operações binárias com base em uma lógica bit-a-bit (bits com assumindo o valor de 1 ou 0). Como a computação quântica é probabilística, descrevendo qualquer valor entre 0 e 1, poderemos resolver problemas mais complexos, em que muitos cálculos precisam ser realizados simultaneamente. Um exemplo disso são as pesquisas científicas que necessitam reproduzir processos de dinâmica molecular para diagnóstico de doenças, em que as moléculas se movem simultaneamente. Os processadores quânticos poderão calcular esses movimentos com a mesma naturalidade com que esses eventos ocorrem).

As possibilidades de aplicação das soluções de inteligência artificial com base em computação quântica ainda são inimagináveis, pois há um universo infinito de possibilidades descortinando-se sobre este novo prisma de análises.

Mas os dados ainda são gerados por seres humanos, e os seres humanos não são perfeitos...

Estágio atual da computação quântica

Como vimos até aqui, a computação quântica traz inúmeras possibilidades ao processo evolutivo da nossa sociedade, muito além das suas características técnicas.

Assim como os computadores a válvula evoluíram até os minúsculos sensores inteligentes de hoje, espera-se que, em um espaço de tempo bem menor, os estranhos computadores quânticos atuais, como o Sycamore do Google, ganhem dimensões mais práticas, como nossos notebooks e smartphones.

A corrida pelo desenvolvimento do melhor e mais avançado computador quântico data de algumas décadas, mas ganhou forças nesta última.

As maiores empresas de tecnologia do mundo (Google, IBM, Intel e Microsoft), bem como algumas startups, como a pioneira canadense D-Wave, já mencionada aqui, competem acirradamente na busca por tornar esses equipamentos economicamente viáveis.

Isso não quer dizer que atualmente não haja equipamentos quânticos à venda. A própria D-Wave já comercializa o Orion desde 2011, e o valor de venda gira em torno de US$15 a 20 milhões por unidade.

Esse é apenas o primeiro desafio; tais equipamentos demandam um ambiente com temperatura em torno de -273,15ºC. O computador quântico ocupa o espaço de uma sala, e seu núcleo precisa ficar protegido por uma câmara de vácuo, justamente para mantê-lo em temperaturas baixíssimas.

Além do tamanho, da temperatura especial e de todo o custo financeiro atrelado a esses gigantes, eles consomem energia. Na arquitetura dos computadores quânticos atuais, torna-se necessário refrigerar em níveis muito abaixo da temperatura ambiente, o que, consequentemente, demanda um gigantesco consumo de energia.

Mas a corrida quântica não tem apenas concorrentes estadunidenses, canadenses e chineses. Pesquisadores alemães também entraram nela em meados de 2021, apresentando aquele que seria o protótipo do menor computador quântico à época.

Construído a partir da tecnologia de qubits iônicos, foi possível acomodá-lo em dois racks de tamanho padrão (semelhantes aos usados em centrais de dados), cada um aproximadamente do tamanho de um refrigerador doméstico.

O cientista líder do projeto, professor Thomas Monz, da Universidade de Innsbruck, fez o seguinte comentário à imprensa:

> Nossos experimentos de computação quântica geralmente ocupam laboratórios de 30 a 50 metros quadrados. Estamos agora trabalhando para encaixar as tecnologias desenvolvidas aqui na universidade no menor

espaço possível e, ao mesmo tempo, atender aos padrões comumente usados na indústria.[3]

A capacidade evolutiva da ciência baseada em dados torna-se cada vez mais rápida, e, embora a competição em torno dos computadores quânticos envolva países, grandes corporações e pesquisadores acadêmicos na corrida pelo desenvolvimento do hardware, o avanço em soluções de software para ambientes quânticos não fica atrás.

Alguns pesquisadores já buscam alternativas, porém, o grande desafio está no fato dos qubits demandarem uma temperatura próxima ao zero absoluto (-273,15ºC) e o mínimo de interferência ambiental. Hoje existem várias organizações desenvolvendo computadores quânticos, no entanto, nenhuma delas tem conseguido superar essas dificuldades até o momento.

Os grandes provedores de serviços de computação em nuvem (*cloud computing*), incluindo AWS, Google, IBM e Microsoft, oferecem serviços de computação quântica. No entanto, esses recursos ainda são pouco disseminados devido aos altos custos desse tipo de ambiente tecnológico.

Mesmo assim, pesquisadores têm como desenvolver algoritmos quânticos (*machine learning*) e inteligência artificial.

Um artigo publicado em 2021 na revista *Nature*[4] aponta que o uso da computação quântica no aprendizado de máquina (*machine learning*) continua sendo promissor. Todavia, quantificar a vantagem quântica para tais aplicativos ainda envolve questões sutis que devem ser abordadas com muito cuidado. Nos testes realizados pelos autores, alguns algoritmos clássicos de aprendizado de máquina (ML), não apresentaram resultados preditivos superiores aos modelos quânticos, mesmo quando os dados provinham de um processo quântico desafiador para simular de forma independente.

Após esses testes, foram introduzidos os kernels quânticos, que são algoritmos de ML quânticos projetados para aprender com os dados tratados no ambiente quântico. Esses modelos quânticos superaram todos os modelos

---

3 MENOR computador quântico do mundo tem tamanho de uma geladeira. *Inovação tecnológica*, 21 jun. 2021. Disponível em: www.inovacaotecnologica.com.br/noticias/noticia.php?artigo=-miniaturizacao-deixa-computador-quantico-tamanho-geladeira&id=010150210621. Acesso em: 28 abr. 2024.

4 HUANG, H. Y. *et. al.* Power of Data in Quantum Machine Learning. *Nature Communications*. Disponível em: https://arxiv.org/abs/2011.01938. Acesso em: 29 abr. 2024.

clássicos testados em termos de assertividade preditiva. Na opinião dos autores, esta foi a primeira demonstração empírica de uma diferença tão grande entre os modelos de ML quânticos e clássicos.

Com base nesses estudos e nos avanços das experiências das grandes empresas e universidades ao redor do mundo, podemos vislumbrar a multiplicidade de funções que serão desempenhadas pelos computadores e algoritmos quânticos, em velocidade e complexidade inimagináveis diante da tecnologia atual.

Se as inovações atuais já causam controvérsia nos modelos de negócios existentes e geram resistência cultural diante das novas possibilidades, a próxima onda promete causar muito mais.

Quem segue continuamente como principal ator neste universo de mudanças são os dados. Seja para treinar algoritmos clássicos ou quânticos, os dados são a fonte de toda inovação. E como já comentamos aqui, eles são gerados por humanos, impregnados de algumas características humanas louváveis — outras nem tanto...

O fato é que a inteligência artificial substituirá várias funções hoje exercidas por seres humanos e resolverá problemas complexos a uma velocidade inalcançável por nós. Porém, para que isso ocorra, precisamos que, na retaguarda dessas máquinas incríveis, tenhamos humanos com alta capacitação técnica e sólidos valores éticos, que respeitem o que consideramos uma possibilidade de vida em sociedade harmônica, onde haja respeito mútuo entre humanos e todas as demais formas de vida no planeta.

Essa combinação de conhecimentos técnicos e valores morais altos é que permitirá que tamanho poder tecnológico não se reverta contra a própria humanidade.

Resumo/principais lições da Parte VI

O foco aqui foi destacar os avanços que já vêm ocorrendo em paralelo aos que fazem parte do nosso cotidiano, e que em breve surpreenderão aqueles que mal conseguem assimilar o que está acontecendo agora.

O conhecimento que buscamos transmitir aqui pode ser resumido da seguinte forma:

- A famosa "Lei de Moore", como comentamos na Parte I, refere-se a uma observação feita por Gordon E. Moore sobre a tendência histórica da indústria de microchips e processadores segundo a qual, o número de transistores dos chips dobraria, pelo mesmo custo, a cada dois anos. Ele afirmou isso em 1965; no século XXI, esse intervalo para a evolução tecnológica tem se reduzido exponencialmente, e essa lei já dá sinais de esgotamento. O tempo de evolução tornou-se praticamente imprevisível.

- A física quântica, que permeia o desenvolvimento dos computadores quânticos, descortina um universo de possibilidades que, aos olhos humanos, até então pareciam magia, fruto da nossa imaginação fértil. Porém, ela traz à tona que nossa imaginação não é apenas uma fábrica de sonhos, ela cria realidades.
- Quando conseguirmos vencer os impedimentos financeiros (alto custo de produção dos equipamentos quânticos) e alto consumo de energia, essas máquinas nos permitirão resolver problemas complexos, como decifrar as conexões ora indecifráveis do nosso cérebro, as sinapses do projeto "Conectômica", em apenas alguns minutos. Poderemos desvendar diagnósticos de comportamento celular e prever soluções para possíveis doenças em tempo recorde.
- Também podemos concluir que, para que tudo isso funcione, precisaremos de dados, que, mesmo sendo processados em máquinas tão incríveis quanto as quânticas, são gerados por nós, humanos. Alguns são incrivelmente admiráveis, enquanto outros são incrivelmente assustadores.

Chegamos ao final desta etapa com a mensagem de que precisamos investir cada vez mais na qualificação técnica para gerar um impacto positivo na sociedade. Contudo, paralelamente, precisamos aprimorar nossos valores morais para o convívio neste planeta. Com isso, teremos condições de criar a Sociedade 5.0: conectada, respeitosa com o meio ambiente e socialmente justa.

Antes de finalizar este livro, deixaremos um plano de ação para aplicar a inteligência ao seu negócio. Todas as fases têm indicações sobre as informações e as análises necessárias.

Bom trabalho!

Parte VII

Plano de ação para aplicar inteligência ao seu negócio

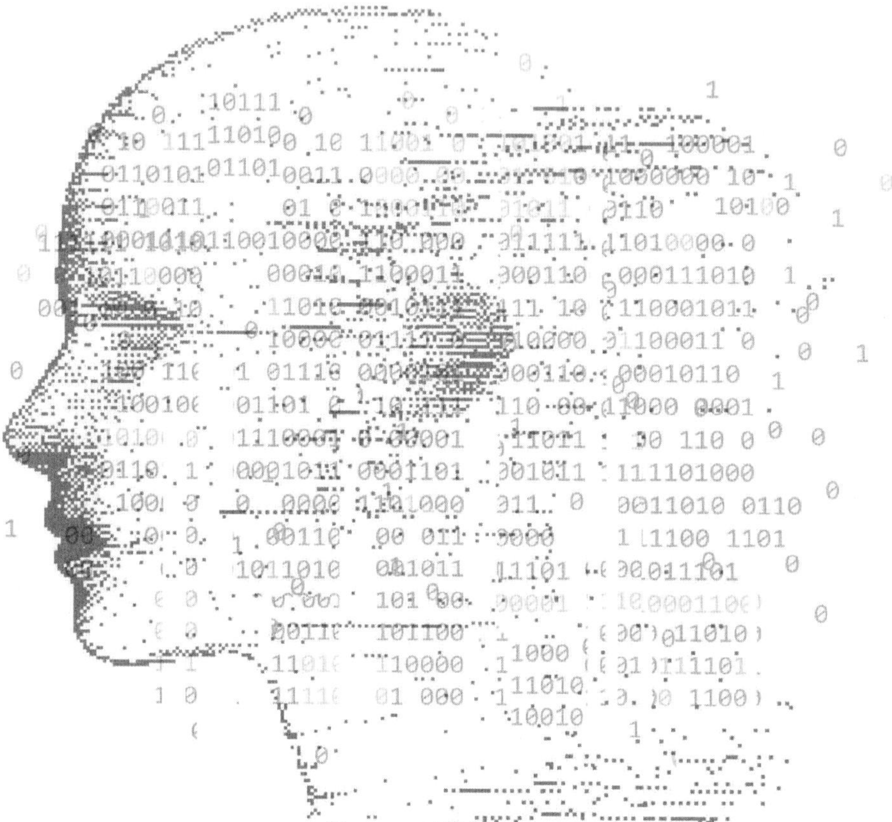

Este plano de ação é uma proposta que todo empreendedor, gestor, executivo ou analista precisa conhecer e desenvolver para sua empresa.

Agora é hora de botar a mão na massa: coletar, analisar e apresentar.

1. Caracterização do negócio

- O negócio, a empresa e o seu mercado: um analista precisa saber contar de forma objetiva as origens e o desenvolvimento do negócio, ou seja, da empresa que trabalha e do segmento a que pertence.
- Consultar o *Valor Econômico*,[1] onde encontrará informações completas sobre as mil maiores empresas do país, será de grande ajuda. É fundamental conhecer a história das empresas: como nasceram, quem as fundou, em que ano, qual era o negócio na época da fundação, localização, atuação, quadro de colaboradores, organograma. A cultura das organizações e suas histórias podem traduzir muito as ações ou objetivos estratégicos de uma empresa.

2. Mercado

2.1. Qual é o segmento de mercado em que a sua empresa está inserida?

Voltando ao *Valor Econômico*, você encontrará uma divisão das mil maiores empresas em 28 setores: agronegócio, alimentos e bebidas, construção e engenharia, eletroeletrônica, farmacêutica e cosméticos, indústria da moda, materiais de construção e de acabamento, plásticos e borracha, serviços médicos, transportes e logística etc.

---

1 VALOR 1000. Disponível em: https://infograficos.valor.globo.com/valor1000/2023. Acesso em: 28 abr. 2024.

2.2. Clientes e consumidores

- Qual é o comportamento desse mercado?
- Qual é a performance dos segmentos em que a empresa tem atuado nos últimos cinco anos?
- Qual é a participação de mercado da empresa?
- Qual é o potencial de mercado?
- Qual é o número de distribuidores/pontos de venda?
- Qual é o número de clientes?
- Quem são os clientes?
- Onde estão os clientes?
- Que grupos de clientes têm perspectiva de crescimento?
- Que grupos de clientes podem diminuir suas compras?
- Quais são as categorias de produtos/serviços?
- Quais são as projeções de crescimento (ou não) para os próximos dezoito meses?
- A empresa adota indicadores ESG? Quais?
- Os competidores adotam indicadores ESG? Estão mais avançados nessas práticas?

O importante para essa etapa é obter informações em fontes publicadas, mas também através da conversa com profissionais das áreas de vendas, marketing, comunicação corporativa, recursos humanos, finanças, *supply chain*, tecnologia da informação, entre outras.

Os dados também podem ser obtidos através de fontes externas, como empresas de consultoria empresarial, empresas especializadas em informações de mercado (exemplos: Nielsen, Datamark), portais de notícias econômicas, associações setoriais, Confederação Nacional da Indústria (CNI) e federações da indústria, anuários como "Maiores Empresas do Varejo Brasileiro", câmaras de comércio etc.

Outras fontes importantes para termos uma visão do mercado são as visitas a eventos, exposições setoriais, supermercados e magazines, ficando atento às características regionais do Brasil.

3. Missão, objetivos e estratégias atuais da empresa

Saber qual é **a missão, a visão e os valores da empresa** é fundamental para conhecer a cultura empresarial e as razões pelas quais certos movimentos e ações acontecem.

Por meio da missão, compreenderemos o negócio da empresa e as competências básicas, o que pode indicar os diferenciais da organização.

Valores são as convicções claras e fundamentais que a organização defende e adota como guias para a gestão de seu negócio. São regras de conduta a serem seguidas pela organização, devendo ser explícitas, éticas e compartilhadas por todos os colaboradores.

4. Objetivos estratégicos

São os resultados esperados ou estados futuros que a organização deseja alcançar no horizonte de planejamento considerado. Os objetivos deverão expressar o quanto a empresa quer atingi-los e em que prazo, considerando o cenário previsto à frente.

É importante que haja total consistência entre a missão e os objetivos propostos. Lembre-se de que os objetivos são mensuráveis, então o grupo deve procurar estabelecer valores e prazo factíveis.

5. Estratégia

São as formas ou caminhos adotados pela organização para atingir os objetivos estratégicos propostos e cumprir sua missão.

6. Fatores-chave de sucesso

São atributos (quantitativos e qualitativos) que a organização deve ter para ser bem-sucedida em seu ramo de negócios (setor). A identificação dos fatores-chave de sucesso depende diretamente da missão da empresa.

7. Variáveis ambientais críticas – externas e internas

São os aspectos internos ou externos à organização, cujos comportamentos futuros ou situação atual impactam de maneira positiva ou negativa em um ou mais fatores-chave de sucesso do negócio.

Exemplo: em uma empresa distribuidora de bebidas, um dos fatores-chave são as pessoas, por possibilitarem a entrega das bebidas no local correto e na hora estipulada pelo cliente.

Nesse caso, o fator humano é uma variável crítica interna, por permear todos os processos da organização, pela qualificação e por apresentar alto *turnover*.

8. Análise estratégica

8.1 Análise ambiental externa

É a análise das ameaças e oportunidades de mercado que impactam todas as empresas que atuam nesse setor. Em outras palavras:

- **Ameaças**: situações desfavoráveis do ambiente externo que podem prejudicar, quantitativa e qualitativamente, o desempenho da organização.
- **Oportunidades**: situações favoráveis do ambiente externo que a organização pode aproveitar para melhorar, quantitativa ou qualitativamente, o seu desempenho.

Para essa análise é importante avaliar os fatores macroambientais, como: demografia, economia, questões ambientais (ESG), político-legais, tecnológicas e socioculturais.

É importante salientar que um novo governo, uma guerra, novas leis, bem como a responsabilidade social, ambiental e a diversidade contidas nas práticas ESG, são cada vez mais demandas da sociedade e, portanto, impactam a empresa.

8.2 Análise ambiental interna

Capacitação da empresa e análise de pontos fracos e fortes.

- **Pontos fracos:** características da organização que a colocam em uma posição estrategicamente desfavorável para um desempenho eficaz (fragilidades).
- **Pontos fortes:** características da organização que a colocam em posição estrategicamente favorável para um desempenho eficaz (potencialidades)

Exemplo: ao mencionamos que as pessoas são fatores-chave de sucesso para uma distribuidora de bebidas e essa empresa investe um percentual de seu ganho financeiro em treinamento e qualificação de pessoal, temos uma potencialidade. O contrário é uma fragilidade (não investir em treinamento).

8.3 Análise dos competidores/concorrência

É a identificação dos principais concorrentes, estrutura dos concorrentes, caracterização, perfil de resposta dos concorrentes e análise de competitividade do setor em que a empresa atua.

Elaboração de uma tabela comparativa que inclua: nomes dos concorrentes, produtos/serviços oferecidos, preços e delimitação/área de atuação geográfica (se for o caso).

Apenas para pontuar: utilizando o exemplo da distribuidora de bebidas, uma rede de supermercados pode ser uma concorrente por vender produtos com sua marca.

9. Análise de mercado

Agora é a hora de mostrar o mercado detalhadamente. Após conhecer o negócio da empresa a partir dos tópicos anteriores, é preciso pensar sobre as projeções de demanda, potencial e estrutura. Gráficos são sempre bem-vindos, por facilitarem a visualização.

10. Formulação estratégica

As **diretrizes estratégicas** são um conjunto de indicações de caráter amplo que direcionam o comportamento da organização como um todo e orientam o processo de tomada de decisões, visando o alcance dos objetivos estratégicos. Exemplos:

- **Objetivo estratégico**: atingir faturamento anual de R$1.200.000.00 no final de 20XX.
- **Diretriz estratégica**: estabelecer que 30% do faturamento e 10% do crescimento da base de clientes seja resultado de um novo processo de vendas externo.

Já as ações estratégicas são o momento de propor uma série de ações estratégicas para o cumprimento dos objetivos e metas previamente estabelecidos no trabalho.

Vale ressaltar que consistência é a palavra-chave entre esses itens anteriores.

11. Plano de ações estratégicas

É o programa de atividades no qual todas as ações estratégicas são organizadas em uma tabela que inclui o período de execução, o responsável por cada ação e os gastos estimados. Em outras palavras, trata-se de criar um "Cronograma de implementação: os marcos das ações".

12. Orçamento estratégico

Todo profissional precisa conhecer a projeção das vendas, os custos de produção, mão de obra e frete, além dos gastos fixos, impostos, entre outros números da empresa. Saber ler um demonstrativo de resultados/balanço é cada vez mais necessário, devido à pressão dos custos em toda empresa.

Examine os números que apresentará e certifique-se de que estão consistentes. Não proponha uma ação estratégica que não tenha suporte nos números do orçamento estratégico.

Epílogo/conclusão

Ao longo desta jornada, na qual exploramos a ciência e as descobertas interessantes no universo da alta tecnologia e sua aplicação na transformação da sociedade, buscamos transmitir a você, leitor interessado em se atualizar e se preparar para uma nova era, um panorama das vantagens e dos desafios dessa transformação.

Discutimos conceitos técnicos, como os algoritmos que constituem o que conhecemos como inteligência artificial, os neurônios e sinapses do cérebro humano, e o pouco que sabemos sobre nossa própria capacidade intelectual.

Buscamos fazer um paralelo entre nossas recentes descobertas e a utilização dessas técnicas em problemas reais do século XXI, como a crise sanitária mundial da Covid-19, responsável por agilizar a transformação digital do planeta, que vinha sendo de certa forma postergada desde 2010.

Com a ampliação dos canais digitais, a popularização da internet móvel e a verdadeira avalanche de equipamentos inteligentes (IoTs – *Internet of Things*), passamos a gerar dados a uma velocidade e variedade inimagináveis, que são impossíveis de assimilar com a mesma rapidez.

Com isso, o uso das técnicas de análise de dados para tomada de decisão se proliferaram, ganharam cada vez mais adeptos e influenciaram o processo evolutivo de diversas tecnologias, que garantem a contínua geração e utilização de dados para diversos fins.

Se, por um lado, nos sentimos acuados pelo volume gigantesco de informações que recebemos, por outro, criamos tecnologias que processam, entendem e extraem o que precisamos dessa avalanche de dados, permitindo-nos ter mais tempo para investir na descoberta da inteligência humana.

Se o fato de que várias profissões serão substituídas por robôs e algoritmos de inteligência artificial causa pânico em muitos países, também nos leva a resgatar a capacidade humana de refletir, pensar e criar. Afinal, não precisaremos mais dedicar 40% de nossas vidas úteis a tarefas repetitivas que não utilizam nem 1% da nossa capacidade intelectual.

Ao contrário da era industrial, quando, através de regras rígidas e padronizadas, tentávamos robotizar as pessoas, fazendo com que todos seguissem um "roteiro" pronto para cada fase de seu trabalho — e, consequentemente, de suas vidas —, agora buscamos resgatar a capacidade criativa e filosófica dos seres humanos.

Não teremos mais alguém nos impondo um roteiro a ser seguido; fomos libertados! No entanto, essa liberdade tem um preço: a responsabilidade.

Se agora nos cabem as atividades criativas, e não mais as simplesmente burocráticas, teremos a responsabilidade de pensar nas consequências de cada uma dessas novas criações.

Aquele comportamento típico da sociedade dos séculos XIX e XX, em que sempre se encontrava uma instituição para responsabilizar pelos problemas vivenciados (ora a culpa era da igreja, ora do governo), não se justifica na era dos dados. A responsabilidade recairá sobre quem escolheu a opção com menor probabilidade de ser assertiva, e essa escolha será feita por um humano.

Nesse processo de transição de era, já existem vários movimentos que buscam culpar os algoritmos pelos erros de cálculo dos humanos que os criaram, ou pela displicência de quem coletou os dados, não seguiu as regras básicas de análise exploratória e treinou os algoritmos com "vieses" característicos de sua personalidade "errática".

Algoritmos e robôs replicarão de forma exponencial as características de quem os treinou. Por isso, a responsabilidade e a maturidade dessas pessoas serão muito mais valiosas que sua capacidade de decorar fórmulas e textos, que era o método de ensino adotado nos séculos XIX e XX.

O sistema educacional precisará ser transformado para formar caráter e não operários.

As empresas deverão se preparar para contratar pessoas com valores similares aos de seus acionistas, e não técnicos em determinadas áreas.

As chamadas instituições de direito não mais necessitarão de centenas de representantes da sociedade. As decisões de gestão dos interesses da sociedade serão baseadas em dados gerados pela sociedade e distribuídos de acordo com sua demanda, com precisão cirúrgica.

Não precisaremos mais das atuais formas de governo? As cidades inteligentes poderão ser gerenciadas por algoritmos que atendam de forma equânime às demandas dos diferentes perfis de cidadãos?

Mas quem desenvolverá todos esses algoritmos, se não os humanos?

Vivemos hoje na "era do conhecimento"! Aqueles que sabem transformar dados em conhecimento são os que detêm o poder, de forma semelhante à era da informação, em que o poder pertencia a quem detinha a "informação".

Mas a era do conhecimento será breve, e logo chegaremos à era da sabedoria, quando finalmente teremos a maturidade para usar o conhecimento em benefício de todas as formas de vida do planeta, respeitando uns aos outros e não apenas estabelecendo metas de crescimento sustentáveis, mas agindo efetivamente para realizá-las.

Bibliografia

AZOULAY, A. "Online disinformation: UNESCO unveils action plan to regulate social media platforms". *UNESCO,* 6 nov. 2023. Disponível em: https://www.unesco.org/en/articles/online-disinformation-unesco-unveils-action--plan-regulate-social-media-platforms. Acesso em: 7 nov. 2023.

CAMSARI, K. Y.; DATTA, S.; FARIA, R.; GHANTASALA, L. A.; JAISWAL, R.; SUTTON, B. "Autonomous Probabilistic Coprocessing With Petaflips per Second". In: *IEEE Access,* vol. 8, pp. 157238-157252, 2020. Disponível em: doi: 10.1109/ACCESS.2020.3018682. Acesso em: 28 abr. 2024.

CAMSARI, K. Y. *et al.* "From Charge to Spin and Spin to Charge: Stochastic Magnets for Probabilistic Switching". *Proceedings of the IEEE. Institute of Electrical and Electronics Engineers,* v. 108, n. 8, p. 1322–1337, 2020. Disponível em: https://doi.org/10.1109/JPROC.2020.2966925. Acesso em: 28 abr. 2024.

CASCIO, J. "Tools for a Better World". TED Talks, fev. 2006. Disponível em: https://www.ted.com/talks/jamais_cascio_tools_for_a_better_world. Acesso em: 17 nov. 2023.

CUSHING, JAMES T. *Quantum Mechanics: Historical Contingency and the Copenhagen Hegemony.* Chicago: University of Chicago Press, 1994.

DAVENPORT, T. H., HARRIS, J. G. *Competing on Analytics: The New Science of Winning.* Brighton: Harvard Business School Press, 2007.

DE CREMER, D.; KASPAROV, G. "AI Should Augment Human Intelligence, Not Replace It". *Harvard Business Review,* 18 mar. 2021. Disponível em:

https://hbr.org/2021/03/ai-should-augment-human-intelligence-not-replace-it. Acesso em: 18 de nov. de 2023.

DÍAZ, A.; ROWSHANKISH, K.; SALEH, T. "Why Data Culture Matters". *McKinsey Quarterly*, set. 2018. Disponível em: https://www.mckinsey.com/~/media/McKinsey/Business%20Functions/McKinsey%20Analytics/Our%20Insights/Why%20data%20culture%20matters/Why-data-culture-matters.ashx. Acesso em: 18 nov. 2023.

DUNLEA, E. "Understand the Characteristics, Structure and Limitations of a Data-driven Culture in the Digital Workplace". *Gartner*, 30 nov. 2015. Disponível em: https://www.gartner.com/smarterwithgartner/the-key-to-establishing-a-data-driven-culture. Acesso em: 16 de nov. de 2023.

EINSTEIN, A.; PODOLSKY, B.; ROSEN, N. "Can Quantum-Mechanical Description of Physical Reality Be Considered Complete?" In: *Physical Review*, v. 47, n. 10, p. 777-780, maio 1935. American Physical Society. Disponível em: https://link.aps.org/doi/10.1103/PhysRev.47.777. Acesso em: 18 nov. 2023.

SUPERCOMPUTER Fugaku Retains First Place Worldwide in HPCG and Graph500 Rankings. *Fujitsu Limited*, 14 nov. 2023. Disponível em: https://www.fujitsu.com/global/about/resources/news/press-releases/2023/1114-01.html. Acesso em: 11 nov. 2023.

GARDNER, H. *Frames of mind: The Theory of Multiple Intelligences*. Nova York: Basic Books, 2011.

GARCÍA, C.; GARRETT, F. "Computador quântico: tudo o que você precisa saber sobre o modelo poderoso". *TechTudo*, 10 dez. 2019. Disponível em: https://www.techtudo.com.br/listas/2019/12/computador-quantico-cinco-coisas-que-voce-precisa-saber-sobre-o-modelo-poderoso.ghtml. Acesso em: 10 nov. 2023.

GEDIK, Z. *et al.* "Computational Speed-up with a Single Qudit. *Scientific Reports*, v. 5, n. 14671, 2015. Disponível em: http://dx.doi.org/10.1038/srep14671. Acesso em: 28 abr. 2024.

HOBBES, T. *Leviatã: ou matéria, forma e poder de um estado eclesiástico e civil*. São Paulo: Martin Claret, 2014.

HOWARD, M. *et al.* "Contextuality Supplies the 'Magic' for Quantum Computation. *Nature*, v. 510, n. 7505, p. 351–355, jun. 2014. Disponível em: http://dx.doi.org/10.1038/nature13460. Acesso em: 28 abr. 2024.

HUANG, H. Y. *et al.* "Power of Data in Quantum Machine Learning". *Nature Communications*, v. 12, n. 1, maio 2021. Disponível em: http://dx.doi.org/10.1038/s41467-021-22539-9. Acesso em: 28 abr. 2024.

MENOR computador quântico do mundo tem tamanho de uma geladeira. *Inovação Tecnológica*, 21 jun. 2021. Disponível em: https://www.inovacaotecnologica.com.br/noticias/noticia.php?artigo=miniaturizacao-deixa-computador-quantico-tamanho-geladeira. Acesso em: 18 nov. 2023.

KORTELING, J. E. (HANS) *et al.* "Human versus Artificial Intelligence". *Frontiers in Artificial Intelligence*, v. 4, 2021.

BLAAUW, D.; LEE, Y.; SYLVESTER, D. "Circuits for Ultra-Low Power Millimeter-Scale Sensor Nodes". *In*: 2012 Conference Record of the Forty Sixth Asilomar Conference on Signals, Systems and Computers (ASILOMAR), 2012. p. 752-756. Disponível em: https://api.semanticscholar.org/CorpusID:1501819. Acesso em: 18 nov. 2023.

POR uma IA mais inspirada na inteligência humana. *The Shift*, 2 set. 2020. Disponível em: https://theshift.info/cool/por-uma-ia-mais-inspirada-na-inteligencia-humana/. Acesso em: 12 nov. 2023.

MALABOU, C.; SHREAD, C. *Morphing Intelligence: From IQ Measurement to Artificial Brains*. Nova York: Columbia University Press, 2021.

CUKIER, K.; MAYER-SCHONBERGER, V. *Big data: Como extrair volume, variedade, velocidade e valor da avalanche de informação cotidiana*. Rio de Janeiro: Alta Books/Campus, 2013.

HUANG, H. Y; McCLEAN, J. "Quantum Machine Learning and the Power of Data". *Google Quantum AI Blog*, 22 jun. 2021. Disponível em: https://blog.research.google/2021/06/quantum-machine-learning-and-power-of.html. Acesso em: 10 nov. 2023.

TRANSFORMAÇÕES digitais no Brasil: insights sobre o nível de maturidade digital das empresas no país. *McKinsey & Company*, 2018/2019. Disponível em: https://www.mckinsey.com/br/~/media/mckinsey/locations/south%20america/brazil/our%20insights/transformacoes%20digitais%20no%20brasil/transformacao-digital-no-brasil.pdf. Acesso em: 17 de nov. de 2023.

MELLO, D. "Fábio Faria diz que leilão do 5G será realizado no segundo semestre". *Agência Brasil*, 1 jun. 2021. Disponível em: https://agenciabrasil.ebc.com.br/geral/noticia/2021-06/fabio-faria-diz-que-leilao-do-5g-sera-realizado-no-segundo-semestre. Acesso em: 18 nov. 2023.

MYLIUS, MM. *Business intelligence: Mais fácil que você imagina*. São Paulo: Edições Inteligentes, 2004.

RIZZATO, F. "5G Users on Average Consume Up To 2.7x More Mobile Data Compared to 4G Users". *Open Signal*, 21 out. 2020. Disponível em: https://www.opensignal.com/2020/10/21/5g-users-on-average-consume-up-to-27x-more-mobile-data-compared-to-4g-users. Acesso em: 18 nov. 2023.

ROGERS, D. L. *Transformação digital: Repensando o seu negócio para a era digital*. São Paulo: Autêntica Business, 2017.

BIG Data: What is Hadoop? *Slash Dash*, 12 jan. 2018. Disponível em: https://slashdash.wordpress.com/2018/01/12/big-data-what-is-hadoop/. Acesso em: 15 nov. 2023.

SPARKES, M. Google Demonstrates Vital Step Towards Large-Scale Quantum Computers. *New Scientist*, 14 jul. 2021. Disponível em: https://www.newscientist.com/article/2283945-google-demonstrates-vital-step-towards-large-scale-quantum-computers/. Acesso em: 18 nov. 2023.

VOLUME de dados/informações criados, capturados, copiados e consumidos mundialmente de 2010 a 2020, com previsões de 2021 a 2025. *Statista*. Disponível em: https://www.statista.com/statistics/871513/worldwide-data-created/. Acesso em: 17 nov. 2023.

SUTTON, B. *et al.* "Autonomous Probabilistic Coprocessing With Petaflips per Second". *Revista FAPESP*. Disponível em: https://revistapesquisa.fapesp.br/a-era-dos-qubits/. Acesso em: 18 nov. 2023.

DIA da Informática: veja história do computador, desde a primeira geração. *TechTudo*, 15 ago. 2014. Disponível em: https://www.techtudo.com.br/noticias/2014/08/dia-da-informatica-confira-historia-do-computador-e-sua-evolucao.ghtml. Acesso em: 18 nov. 2023.

TERGERMARK, M. *Vida 3.0: O ser humano na era da inteligência artificial*. São Paulo: Benvirá, 2020.

OKUBO, T.; UBALDI, B. "OECD Digital Government Index (DGI): Methodology and 2019 results". *OECD Working Papers on Public Governance*, n. 41, OECD Publishing. Disponível em: https://doi.org/10.1787/b00142a4-en. Acesso em: 28 abr. 2024.

ASTRONAUTAS utilizam impressora 3D no espaço. *Veja*, 6 maio 2016. Disponível em: https://veja.abril.com.br/ciencia/astronautas-utilizam-impressora-3d-no-espaco/. Acesso em: 17 nov. 2023.

WAIKAR, S. "What Can AI Learn from Human Intelligence? Stanford Institute for Human-Centered Artificial Intelligence", 26 out. 2020. Disponível em: https://hai.stanford.edu/news/what-can-ai-learn-human-intelligence. Acesso em: 18 nov. 2023.

WU, Y. *et al*. "Strong Quantum Computational Advantage Using a Superconducting Quantum Processor". In: *Physical Review Letters*, v. 127, n. 18, p. 180501, out. 2021. Disponível em: http://dx.doi.org/10.1103/PhysRevLett.127.180501. Acesso em: 18 nov. 2023.

Índice

A

Abe, Shinzo 98
Acemoglu, Daron 4
Advanced Analytics 52
Agenda 2030 145
Albert, Charliton 15
algoritmos discriminatórios 32
análise de contexto 33
análise de dados
  descritiva 20
  preditiva 20
  prescritiva 20
análise empresarial competitiva 90
análise humana 12
análise preditiva 55
análises prescritivas
  Veja, *prescriptive analytics* 54
analista de inteligência 90
analytics 98
analytics behavior 99
antitruste
  leis 3
aplicativos inteligentes 7
aprendizado de máquina 54, 154, 157
  Veja, *machine learning* 22, 30, 53
aprendizado não supervisionado 31
aprendizado por reforço 29
aprendizado profundo 29
  Large Language Model (LLM) 32
  técnicas de 29
  Veja, *deep learning* 53
aprendizagem supervisionada 28
Aristóteles
  empirismo 17
árvores de decisão 28

B

backpropagation 29
  Veja, redes neurais 28
Bacon, Francis 17
Barnard, Chester 17
Barney, J. B. 85
Bean, Randy 38
Bengio, Yoshua 32
Berman, Karen 86
Big Data 1, 20, 36, 60, 97, 98, 102
Big IA 60
Big Techs
  ecossistemas 3
Buchanan, Leigh 17
Business Intelligence 52
Butler, Robert N. 80

C

Cascio, Jamais 62
Charan, Ram 18, 66, 92

Ciclo de Inteligência 139, 146
cloud computing 108
Veja, computação em nuvem 107
cloud services
Veja, computação em nuvem 102
clusters 29
comércio eletrônico 98
compliance 125
computação de borda 108
computação distribuída 53
computação em nuvem 102, 107
computação quântica 151
computadores quânticos
estágio atual 151
comunicação corporativa 146
conectividade 102
Conectômica, Projeto 27
CPS
Veja, sistema ciberfísico 99
criptomoedas 98
Cukier, Kenneth 36

D

dados
estruturados 52
não estruturados 52
semiestruturados 52
dados e análise
D & A 7
dados ESG 6
data analytics 14
data driven
cultura 56, 57, 59, 61
profissionais 45
Davenport, Thomas 14, 21
decoder 31
deep learning 53
Veja, aprendizado profundo 29
Dertouzos, Michael L. 93
Descartes, René 17
diálogos decisivos 18
DistilBERT, método 32
D-Wave 151

E

edge computing 109
Veja, computação de borda 108
Einstein, Albert 151
emissões de carbono 55
encoder 31
ensino à distância 98
EPR
artigo 151
paradoxo 152
equipamentos inteligentes 109, 169
Veja, Internet das Coisas 108
equipes autogerenciáveis 78
ERPs
Veja, sistemas de gestão 102
ESG 54, 115, 116, 126, 127
conselho 125
Data Intelligence 143
indicadores 61, 124, 164
princípios 125
questões 66
relatórios 138
riscos e oportunidades 144
ESG *Data Intelligence* 127, 146
estratégia competitiva 80
Estratégia Investimento Verde 122
estrutura de aprendizado 154
experiência do cliente 2
Ezrachi, Ariel 3

F

Faldini, Roberto 134
fatores linguísticos 28
feed forward, rede 29
Feynman, Richard , 151
física
clássica 151
quântica 151
flip-flop qubits 151
Follett, Mary Parker 78
Fuld, Leonard 142

G

Gardner,Howard 27
Gartner Hype Cycle 6
Gato de Schrödinger 151, 152
General Data Protection Regulation 109
GDPR 109
general purpose technologies
GPT 1
geoposicionamento 97
gestão orientada a dados 38
Gladwell, Malcolm 17
Global Reporting Initiative
GRI 122, 143
Goodfellow, Ian 31
GRI
modelo de relatório 123
normas 123
Normas Setoriais 123
Normas Temáticas 123
Normas Universais 123

H

Hadoop, ecossistema 53
Half, Robert 46
Guia Salarial 50
Hamel, Gary 78
Harari, Yuval Noah 11, 13, 19
Harris, Jeanne 21
Hebb, Donald 28
Herring, Jan P. 139
Hesterly, W.S. 85
Hinton, Geoff 31
Hinton, Geoffrey 32
Hochreiter, Sepp 30
Hopfield, John 28
Humby, Clive 34

I

impacto ambiental 54
Índice de Carbono Eficiente 121
Índice de Governo Digital
ranking 103
Índice de Sustentabilidade Empresarial
ISE B3 122
Indústria 4.0 98
informações 127, 159
iniciativas analíticas 20
inovação 126, 158
inteligência artificial 27, 28
centrada em aplicativos 7
composta 6
engenharia de 7
generativa 22, 32, 60
modelagem 2
na borda 6, 7
serviços na nuvem 7
sistemas operacionais 7
técnicas de 149
uso ético 101
inteligência competitiva 48, 80
inteligência de decisão 6, 7, 15, 18
inteligência de máquina 2
inteligência de negócios
Veja, *Business Intelligence* 46, 54
inteligência financeira 86
inteligência humana 27, 33
interação humano/máquina 20
Internet das Coisas 20 98, 100, 108, 109
Veja, *Internet of Things* (IoT)
Internet of Things (IoT) 52 55 169
intervenção humana 34
IoT 108 109, 169
Veja, Internet das Coisas
Iserhard, Paulo 134

J

Johnson, Simon 4

K

kernels quânticos 157
Kettering, Charles F. 115
Key Intelligence Topics 141
Kim, W. Chan 80
Knight, Joe 86

L

LeCun, Yann 29
Lei de Moore 16, 20, 158
Lei Geral de Proteção de Dados 101
  LGPD 19 109
linguagem natural 61
Lustosa, Eliane 134

M

machine learning 15, 53, 54, 102, 153, 157
  Veja, aprendizado de máquina 20, 22
MapReduce 53
Máquinas de Boltzmann Restrita
  Veja, redes neurais 31
Marco Civil da Internet 101
Matriz P@ssos 80, 94
Mauborgne, Renée 80
Mayer-Schonberger, Viktor 36
McCulloch, Warren 28
meios de pagamento 98
métodos não supervisionados 29
modelagem estatística 53
modelos matemáticos 149
Moore, Gordon 158
  Lei de Moore 16

N

networking 45

O

Objetivos de Desenvolvimento Sustentável
  ODS 8 145
  ODS 9 145
Occam, Guilherme de 17
O'Connell, Andrew 17
operações de modelo 7
otimização estocástica 53

P

Pacto Global 61
pagamentos por código 98
Pagnano, Claudia 134
Pauwels, Harold 144
pegada de carbono 115
perceptron 28
Pitts, Walter 28
Plano de Ação de Finanças Sustentáveis 133
Plano Estratégico de Inteligência Artificial 101
poder da diversidade 78
Podolsky, Boris 152
Porter, Michael 80
potencial de vantagem 154
prescriptive analytics 54
processadores quânticos 151
processador quântico
  Veja, D-Wave 151
processamento de linguagem natural
  PLN 7
processamento paralelo
  tecnologias de 37

Q

questões climáticas 55
quociente de maturidade digital 58

R

real-time analytics 108
rede de auto-organização 28
redes neurais 28, 61
  arquiteturas 29
    convolucionais 29
    Deep Auto-Encoders 31
    Deep Belief Network 31
    Deep Neural Network Capsules (DNCC) 32
    Generative Adversarial Network (GAN) 31
    Hopfield 30
    Long Short-Term Memory (LSTM) 30
    máquinas de Boltzmann 30

perceptron multicamadas (MLP) 29
recorrentes (RNN) 30
artificiais 29
redes simétricas 28
redes sociais 97
reinforcement learning
Veja, aprendizado por reforço 29
réplicas deepfake 22
Resolução CVM 193 133
Revolução
Agrícola 11
Científica 11
Cognitiva 11
robôs inteligentes 7
robótica , 100
Rogers, David L. 56
Rosemblatt, Frank 28
Rosen, Nathan 152

S

Schmidhuber, Juergen 30
Schrödinger, Erwin 151
Schumpeter, Joseph 2
serviços de software
plataformas de 98
Sistema B 122
Sistema B, certificação 122
sistema ciberfísico
CPS 99
sistemas de gestão 102
Small Data 20
Sociedade 5.0 98, 102
Stucke, Maurice 3
superposição quântica 152
sustentabilidade 118
relatórios de 122

T

taxonomia 28
Taylor, Frederick Winslow 78
tomada de decisão 7, 24, 48, 59, 61, 78, 91, 97, 109, 169
cultura da indecisão 18
estratégia decisória 17
história do conceito 17
Tosi, Guilherme 151
trabalho remoto 98
transformação digital
indicador de 103
transformers 61

V

Vahdat, Henri 134
vanishing gradient
algoritmo 30
vantagem quântica
Veja, potencial de vantagem 154
veículos autônomos 7
visão computacional 7
VRIO 94
VRIO, modelo 85
V.U.C.A 62

W

Watson, Thomas John 17
Willigan, Geri 92
Wright, Deborah Patricia 134

Este livro foi impresso nas oficinas gráficas da Editora Vozes Ltda.,
Rua Frei Luís, 100 – Petrópolis, RJ.